John Henry Mackay

Arma Parata Fero

Ein soziales Gedicht

John Henry Mackay

Arma Parata Fero
Ein soziales Gedicht

ISBN/EAN: 9783743691490

Hergestellt in Europa, USA, Kanada, Australien, Japan

Cover: Foto ©Thomas Meinert / pixelio.de

Weitere Bücher finden Sie auf **www.hansebooks.com**

Arma parata fero!

---x---

Ein soziales Gedicht

von

John Henry Mackay.

„Nur der liebt die Wahrheit, welcher
die Lüge bekämpft."

---x---

Zürich 1887.
Verlags-Magazin.
(J. Schabelitz.)

Druck von J. Schabelitz in Zürich.

Zu viel des Hohns, zu viel der Schmach wird täglich euch geboten:
Doch muß der Grimm geblieben sein — o, glaubt es uns, den Todten!
Er blieb euch! ja, und er erwacht! er wird und muß erwachen!
Die halbe Revolution zur ganzen wird er machen!
Er wartet nur des Augenblicks: dann springt er auf allmächtig;
Erhobnen Armes, weh'nden Haars, dasteht er wild und prächtig!

— — — — — — — — — — —

Indessen bis die Stunde schlägt, hat dieses unser Grollen,
Euch, die ihr vieles schon versäumt, das Herz ergreifen wollen!
O, steht gerüstet, seid bereit! — — — — — — —

Ferdinand Freiligrath, 1848.

— — Die Stadt verließ ich, das engende Haus,
Und schritt in die dunkelnden Fluren hinaus,
Wo die Weltstadt ihr letztes Elend gebiert,
Und der Pfad sich in freiere Weiten verliert ..
Seit langen Monden zum ersten Mal
Entronnen der wirren, betäubenden Qual,
Entronnen dem knechtenden, eisernen Bann —
Wie muthet die Stille so seltsam mich an!
Da hinter mir lagen zersplitterte Jahre,
Verloren dem Leben, gewonnen der Bahre,
Gewandelt im drückenden Alltagsgleis,
Das von befreienden Zielen nichts weiß.
Denn verloren der Tag, der in Nacht uns zerstob,
Bevor er zu lichteren Höhen uns hob!
Wie viele leben ein Leben lang,
Das niemals ein Strahl der Erkenntniß durchdrang,
Das niemals gemessen mit ewigen Maßen
Des eigenen Daseins gewandelte Straßen! ...

— — — — —

Ein Herbsttag war es. Mit nebliger Kühle
Kämpfte der Sonne ermattende Schwüle.
Ich schritt gradeaus durch die dunkelnde Flur,
In Furchen verlor sich des Weges Spur.
Ein Hügel thürmte sich vor mir auf,
Ich eilte ihn klimmenden Fußes hinauf.
Gesträuche deckten den Boden. Ein Baum,
Ein einsamer, krönte der Höhe Saum.
— Und schwüler ward es... Ein Wetter zog
Von ferne herauf, und zitternd bog
Der Baum die Krone. Der Nebel verwehte.
Scharf in die Ferne mein Auge spähte.
Doch die lag mit dämmernden Schleiern verhängt,
Lichtlos in Abendschatten versenkt.
Zum Himmel sah ich empor. Dort zogen
Die Wolken herauf in düsternden Wogen.
— Ein Bangen ergriff mich, doch nicht vor dem Wetter...
Ich liebe den Sturm, den großen Erretter
Vom Staube des Tages!

— — — — —

es that vor mir auf
Sich meines Lebens beengter Lauf,
Und ich schrie empor nach dem blendenden Licht,
Das die Ketten des menschlichen Könnens zerbricht!
— Da strömte der erste Regen hernieder,
Und wieder schrie ich empor! — und wieder! —
Die Donner grollten. In meine Qual
Zuckte hernieder der erste Strahl!

Da jauchzte ich auf in stürmischer Wonne:
Das ist mein Licht! Das ist meine Sonne! — —
Und Blitz auf Blitz nun, und Schlag auf Schlag —
Und jeder ein Glied der Kette zerbrach,
Mir war, als tobe in diesem Gebraus
Mein langgenährtes Zürnen sich aus,
Und von den Lippen floh mir ein Lied,
Wie in mächtigen Stunden es Herzen durchzieht:

O käme die Stunde, o käme sie bald,
Wo in Staub zerfällt, was morsch und was alt,
Und wo auf den Trümmern ein Bau sich erhebt
Geeinigter Ordnung, die einzig nur strebt,
Das Recht der großen, der elenden Schaaren
Mit sicheren Händen gerecht zu bewahren!
Dich rufe ich, dich, mein geliebtes Jahrhundert,
So viel geschmäht, und so viel bewundert,
Das so Unendliches schon erreicht —
Bevor dein Fuß von uns scheidend weicht,
Schenke Gerechtigkeit allen den Seelen,
Die sich im Staube für Andere quälen!
Du hast Thaten gethan, wie keines vor dir,
Genießen doch alle der Segnungen wir —
Ich muß dich lieben! — ich muß! ich muß!
Und fühle, ich sterbe an deinem Kuß!
Du hast den Geist und das Herz nicht beachtet,
Und nun, wo dein Abend uns schattend umnachtet,

Stehen wir da — und streben und fasten,
Und haben nach Tages Mühen und Lasten
Verlernt unsere Herzen und Sinne zu laben
An dem, was das Herrlichste: geistigen Gaben!
O mein Jahrhundert, du m e i n Jahrhundert,
So viel geschmäht und so viel bewundert,
Du hast Thaten gethan, wie keines vorher,
Die Erde beherrschst du, die Luft und das Meer,
Und hast doch im wilden Taumel vermessen
Der großen Wahrheit des Lebens vergessen!
— Ueber der That steht der freie Geist,
Der ihr erst die Pfade zum Ziele weist!
Das Herz verhärtet, erkaltet den Sinn,
So schleifst beine Kinder durchs Leben du hin,
In fieberndem Rasen dem Abgrund zu —
Wann schenkst du uns wieder beglückende Ruh!

— — — — —

Und flehend sank ich zur Erde nieder:
O Kindheit der Menschheit, kommst nimmer du wieder?!
In wehem Schmerze barg ich die Stirn
In den kalten Händen, mein fieberndes Hirn
Wollte zum Lichte den Ausweg nicht finden,
Aus Weh und Verzweiflung, aus Angst und aus Sünden!
— Die Donner grollten. Ein neuer Blitz
Zuckte hernieder auf meinen Sitz.
Ein Grabstein war es, und bei dem Schein
Las Züge von Menschenhand ich auf dem Stein…

Wild riß da die wuchernden Ranken ich fort,
Mich bürstete nach lebendigem Wort.
Blitz sprühte auf Blitz weißleuchtend herab,
Und Ranke auf Ranke riß fort ich vom Grab.
Gegraben mit wenig geübter Hand
Ein Wort ich — ein zweites — ein drittes ich fand!
Und bei des Blitzes hellzuckendem Strahl
Las leuchtenden Blicks ich zum andern Mal:
„Arma — parata — fero!" — „Bereit
Trag ich die Waffen — zum siegenden Streit!"
Da löste der Bann sich von meiner Brust
Und ich rief die Worte in jubelnder Lust
In den Sturm hinaus und die Wetterschlacht —
Das Wort war gefunden, das frei mich macht!

— — — — —

Wer ruht hier? wer ruht hier nach freudigem Streit?
Wer war noch im Tode zum Kämpfen bereit?
War er ein Krieger? Mit schneidigem Schwert
Und blitzender Rüstung zum Nahkampf bewehrt?
War er ein Denker, deß strahlendes Wort
Die Lüge scheuchte, die Falschheit fort?
— Wer dieses Wort sich zur Leuchte ersann —
Wer er auch war — er war ein Mann!
Und ist sein Name in Nacht auch getaucht,
Sein Wort lebendigen Odem haucht — — —
— Ich raffte mich auf, und sprang empor,
Da grollte der Donner mir wild in das Ohr:

Auf, stelle dich in der kämpfenden Reihn,
Eines Todten Wort laß Richtschnur dir sein,
Nimm selber die schärfsten Waffen zur Hand,
Wirf selbst in die Herzen den lodernden Brand,
Und glaube mir: Jeder ist Kind seiner Zeit,
Mit ihr dem Verderben unrettbar geweiht!
Den Nachgeborenen erkämpfe den Frieden,
Der dir nicht und deinen Genossen beschieden,
Du darfst nur von ferne das Morgenroth
Schaun, wie die Gipfel der Zeit es umloht,
Doch nimmer frohwandeln im Sonnenlicht,
Wie hell über spät're Geschlechter es bricht.
Siehst du die Wolken am Himmelsrand?
Sturmkündend fliehen sie über das Land.
Grau ist und düster der Himmel verhängt —
Ihr wandelt dahin, in Ketten gezwängt!
Verjagt den sonnehemmenden Flor,
Und rafft euch zum freien Lichte empor!
Siehst du der Blitze goldsprühenden Brand?
Sie hellen ein elendes, schmachtendes Land —
„Wann kommt das Licht?" — Du frägst nach dem Wann?
So lange ihr zaudert zu brechen den Bann,
Den lange Jahre um euch gezogen,
Die euch um das Glück eures Lebens betrogen;
So lange ein Mensch noch am Wege verhungert,
Und ein Anderer am brechenden Tische lungert;
So lange der Eine sich Herrscher dünkt,
Und den Fuß auf den Nacken des Andern zwingt;

So lange Ihr diese Bande nicht sprengt,
Ist Fluch über Euch und Elend verhängt!
„Wann kommt das Licht?" — So höre mich an:
Wenn muthig gebrochen der knechtende Bann,
Wenn vom Haupte der Herrscher die Krone fällt,
Auf den Trümmern des Thrones ihr Scepter zerschellt,
Der Schranzen verächtliche Brut zerstiebt,
Die immer sich selbst nur, nie Andre geliebt,
Wenn die Menge nicht zitternd am Altar mehr kniet,
Und im Priester kein höheres Wesen mehr sieht,
Um das sie sich zagend und hoffend drängt,
Daß in neue Fesseln des Wahns er sie zwängt,
Wenn frei einem Jeden der Weg durch das Leben
Zur Entfaltung der eigensten Kräfte gegeben,
Und das Recht zum Leben das gleiche — erst dann
Bricht leuchtend der Tag der Freiheit an!

— — — — —

Mit Rosen bekränzt durch der Zukunft Thor
Wird lächelnd und segnend er treten hervor,
Kein Stillstand in müssigem Glücke wird sein,
Denn ewig ist, Menschheit, ein Göttliches dein,
Die große Treiberin: äußere Noth,
Und mehr noch: ein zwingendes, inn'res Gebot,
Das von Stufe zu Stufe dich höher hebt,
Zum Sieger weihend, wer kämpfend strebt!
Es giebt nur ein Vorwärts, es giebt kein Zurück,
In der Zukunft liegt das befreiende Glück!

Drum vorwärts zum Kampfe!.. Schon gährt es im Innern,
Doch schreckt uns noch immer ein halbes Erinnern,
Das läßt uns im alten Gleise wandeln,
Und scheucht uns zurück von dem blutigen Handeln! —
Schon gluthet dumpf=wühlend der wachsende Groll,
Die Armuth heischt wild von den Glücklichen Zoll,
Und tausendzüngig zum Himmel schreit
Der Jammer der Noth, die der Knechtschaft geweiht!

— — — — —

Sturmvögel seid! — — Auf brausendem Meer
Dem nahenden Sturme fliegt jauchzend her,
Eurer Flügel Schlag verkünde sein Nah'n,
Zufriedene schreckend aus ihrem Wahn!

So brauste es um mich! der Sturmwind bog
Die Gipfel des Baumes — mir aber zog
Ein gluthendes Wünschen durch Herz und Sinn,
Zum leuchtenden Kampfe und Siege hin!
O daß ich jene Zeit noch erlebte,
Erfüllt noch sähe, was ich erstrebte —
Doch sollte sie nimmer mein Auge erschauen,
Die Hand soll am Tempel der Zukunft bauen!
Was können mir jetzt die Menschen noch schaden,
Die „Höhergestellten" von „Gottes Gnaden"?
Dein freies Wort — du hast es gesagt,
Und nun geht es vorwärts, und nicht mehr verzagt!

Zwar habe noch Keinen bisher ich gefunden,
Dem ich mich im Treuen zum Kampfe verbunden...
So kam es, daß dies mich erlösende Wort
So lange gebändigt im Herzen gedorrt,
Doch heute fliegt es jubelnd hinaus
Und mischt sich des Sturmes wildem Gebraus:
– Möge zum Tempel der Freiheit ein Stein,
Zum Glücke der Menschheit ein Sandkorn sein
Jedes Einzelnen That, der selbstlos da kämpft,
Anstatt daß die Stimme des Zornes er dämpft!
Die Zeit ist groß. Aus dem gährenden Streben
Wird bald sich die That erschreckend erheben,
Die That, die nicht jammert mit Worten und klagt,
Die nach einzelnem Glücke nicht lange mehr fragt,
Und die an den Pfeilern des Unrechts erbittert
So lange rüttelt, bis krachend zersplittert
Der letzte Stein! — — und dann erst, dann ruht
Die rächende Hand, geröthet von Blut,
Dem Blut, das vergangene Schulden gestrichen,
Für kommende Zeiten die grausen geglichen!
Denn nur getrieben von blutigen Streichen
Wird von dem bequemen Sitze es weichen,
Das Unrecht, das frech sich eingenistet,
Und mit fremdem Marke sein Leben gefristet,
Und nimmer wird Menschenliebe es zwingen
Sich selbst als Opfer des Ganzen zu bringen!
Ihr habt es gewollt! drum beklaget Euch nicht,
Es sterbe, wer Feind ist dem rettenden Licht!...

Die Donner vergrollten. Die Wolken wallten
Am Himmel in drohend-dunklen Gestalten.
Nun zuckte noch einmal ein letzter Schein...
— Arma parata fero! Und so soll es sein!

Sturm.

Sturm.

Zweite, durchgesehene und vermehrte Auflage.

Zürich 1890.
Verlags-Magazin
(J. Schabelitz).

Alle Rechte vorbehalten.

Druck von J. Schabelitz in Zürich.

Dem Andenken

Max Stirner's

widme ich

diese zweite Auflage.

John Henry Mackay.

An

Max Stirner.

„Der Einzige und sein Eigenthum: 1846."

———

Nichts fiel aus deinen Händen,
  Als dieses eine Buch —
O Rebe an Sonnen-Geländen,
  Die solche Traube trug!

Ich schaue von den Blättern
  In meine Zeit umher:
Sie schreien wild nach Rettern,
  Dich — kennen sie nicht mehr.

Sie haben dich gescholten,
  Die dich verstanden nie.
Du hast es ihnen vergolten:
  Du hast — ergründet sie!

Erkennen ist mehr als Verachten.
Ihm ward die Welt ein Spiel,
Dem bei lächelndem Betrachten
Der letzte Schleier fiel.

Die Menschheit will belogen
Und frech betrogen sein —
Du hast sie nicht betrogen,
Du warst ja einzig dein...

O Genius, den sein Jahrhundert
Nie in die Arme schloß,
Der gekannt nie, nie bewundert
Ward von dem feilen Troß,

Der nie „sich selbst bezwungen",
Nein, der die Andern bezwang,
Der nie — „den Bruder umschlungen" —
Am Becher der Lüge trank,

Der himmelhoch überragend
Die belächelnswerthe Welt,
Einsam seine Schlachten schlagend
Sich auf sich selbst gestellt,

O Genius, hinabgesunken
  Wärst du in das Schweigen der Nacht?
Nein — meine Lippe, getrunken
  Hat sie — ich bin erwacht! —

Unsterblicher! Schauernd begrüße
  Ich dich aus der Nacht um mich her —
Ich suche die Spur deiner Füße,
  Und finde sie nicht mehr...

Was thatest du denn, Vermessener?
  Du warst dein eigener Gott!
O ich liebe dich, du Vergessener!
  Was kümmern mich Wuth und was Spott? —

Und ich sehe dich, wie du bei Seite
  Die schreiende Menge schobst,
Und dann dich in die Weite
  Auf Adlerschwingen hobst —

Wohin? — Das weiß kein Anderer.
  Dir folgte Keiner nach:
Stumm schritt der Welten=Wanderer
  Nacht hinter sich, vor sich Tag.

An den Göttern vorbei, die versanken,
In die Ferne, weit — weiter ... so weit! ...
Ja, du gingst ... Doch deine Gedanken
Bewachen die schlummernde Zeit ...

Inhalt.

	Seite
*An Max Stirner	VII
*Zur zweiten Auflage. 1889	1
Zur ersten Auflage. 1888	9
Arma parata fero!	11

Weltanschauung.

Die Dichtung der Zukunft. 1—3.	17
Poesie	20
Kampfweise	21
Vorkämpfer	22
Grenzen?	23
Schrankenlosigkeit	24
Heimath	25
Vaterland	26
*Unabhängigkeit	27
Weltbürgerthum	28
Staat	29
*Anarchie	30
Partei	31
Herren und Knechte	32
*Arbeit. 1—4.	33
Gesetze	36
Atheismus	37
*Communismus. 1—3.	38
Freie Liebe	41

	Seite
Moralisten	42
*„Ich!"	43
Gegenwart und Zukunft	44
*Egoismus	46
Hinter dem Tode	47
Freiheit. 1—3.	48

Zwischen den Tagen.

Chicago:

I. Vor dem Morde	53
II. Nach dem Morde	54
*III. Ein Jahr später	56
*Der Alte und der Junge. Ein Zwiegespräch .	60
*Der Fluch der Arbeit	68
Vernunft und Wahn. I—II.	70
Gerechtigkeit. I—*II.	76

Am Ausgang des Jahrhunderts. I-XIII. 83

Zur Beachtung.

Die mit * Stern bezeichneten Stücke sind der zweiten Auflage neu hinzugefügt.

Zur zweiten Auflage.

Gluth war mein Geist und meine Seele Brand
In jenen Tagen, da dies Buch entstand.

Ein Sturm ergriff mich. Und der Sturm ward Wort.
Das Wort riß Andere im Sturme fort.
Ich ließ mich treiben durch den weiten Raum.

Wunsch ward mein Geist und meine Seele Traum.

Dann stieß mein Fuß. Ich schlug das Lid empor:
Auf Bergeshöhn stand ich im Nebelflor.
Die Nebel theilten sich. Und ob der Welt
Sah ich verlassen mich dahingestellt.
Zu meinen Füßen quoll ein Wolkenmeer —

Leer ward der Raum und meine Seele leer.
Was ich ersehnt, erhofft, was ich geglaubt,
Des letzten Haltes sah ich mich beraubt.

Wo war ich? Und wo fand ich Unterkunft?

Still ward die Seele und mein Geist Vernunft!
Die Woge meiner Jugend war verbrandet,
An meinem Strand war ich — als Mann — gelandet.

Und langsam fand ich mich. Ein Jahr zerrann
In letzten Kämpfen, bis ich mich gewann...
Von Nebel-Schleiern war ich dicht umhüllt —
Von Rufen aus der Tiefe wild umbrüllt —
Von Lockungen der Höhen süß umklungen —
Höhen und Tiefen habe ich bezwungen!

— — — — — — — — — — — — — — —

O Mensch, du bist Ahasver, der verflucht
Die Welt durchmißt, und seine Heimath sucht!
Weil er an Gott noch und die Menschen glaubt
Erlahmt sein Fuß und wird sein Haar bestaubt,
Kann er nicht sterben! — — —

                    Einst stand er zu Gott.
Dann ward ihm Gott Erkennen, Haß und Spott.

Nun glaubt er an den Menschen. Und er sucht —
Und sucht — und findet nie — und bleibt verflucht!

Und ewig wandert Ahasver... Und blickt
Er je zurück, er vor sich selbst erschrickt...
Und weiter irrt er — sucht — und schwankt verloren
Dem Lichtbild zu, das ihn zum Spiel erkoren!

Fata-Morgana ist sein Glaube. Saat,
Die in der Frucht verdorrt, wenn er sich naht.

Herb wird sein Herz; aufschreit sein fahler Mund.

Erlösung heißt der Felsen, an dem wund
Der Glaube seine müden Flügel stößt.

Erlöst wird der nur, der sich selbst erlöst!

———————————

Ahasver-Mensch, wann endest du dein Wandern?
Wenn du verlorst den Glauben an — die Andern!

Jedoch du hoffst — und irrst — und liebst — und glaubst,
Bis du dir selbst den letzten Glauben raubst.

———————————

Ahasver-Mensch, dein wirrer Lebens-Lauf
Schlägt wie ein Buch sich heute vor mir auf:

Betäubt vom Dunsthauch einer todten Zeit
Sehnend dein Herz nach der lebendigen schreit.
Wie ein Geheimniß wallt ihr Vorhang vor
Dem feuchten Blick, der sich — zum Licht verlor.

Und wie dein Fuß fortstrauchelt, lockt ein Licht:
Du wankst ihm zu — dem Lügenlicht der Pflicht!

Jahrtausende, sie sinken schweigend nieder.
Den blutgepeitschten Nacken hebst du wieder...
Und wie er sich in wilden Krämpfen hebt
Vor deinem Wuthgebrüll die Erde bebt,
Dem Schreien des Enttäuschten, der verkauft
In Fetzen das Gewand der Lüge rauft!...

Ahasver-Mensch, bist du vom Traum erwacht?
Du wanderst.

    Und ein Licht durchbricht die Nacht:
„Es giebt ein unveräußerliches Recht,
Das Keiner sich zu stürzen je erfrecht!
Es ist ein Bleibendes!"

    Du jauchzest auf,
Und du beflügelst deinen müden Lauf.

Der Mehrheit fügst du — der du (stets unschuldig)
Dich schuldig fühltest — feig dich und geduldig...

Jahrtausende, sie schwinden wie ein Traum.
In deiner Seele hat kein Wahn mehr Raum —
Der Andern ewig-unterthäniger Knecht
Hat endlich sich zu eigenem Sein erfrecht.

Und weiter gehst du freudig deine Bahn.
Wann langt dein wunder Fuß am Ziele an?
Unselige Sehnsucht kehrt zur eigenen Brust
Den Pfeil noch nicht gestillter Lebens-Lust.

„Ich habe von der „Pflicht" mich frei gemacht;
Das „Recht" der Andern wird von mir verlacht —:
Den Glauben an die Menschheit — nie verliert
Die Seele ihn, der mich zum Ziele führt!

Die Liebe ist der letzte Stern, der mir
Den dunklen Pfad erhellt. Ich folge ihr!"

Jahrtausende, sie steigen in die Gruft.
Leer wird dein Weg. Und eisig wird die Luft.

Ahasver=Mensch, haft du dein Ziel erreicht?
Weshalb verstummt dein Mund? — Warum erbleicht
Dein Haar? — Warum erlischt des Blickes Gluth? —
Und weshalb senkt die Flügel stumm dein Muth?!

An Allem zweifeln — du hast es gelernt!
An dich zu glauben — nicht! — Dir selbst entfernt
Hast du dich immer mehr — und mehr — und mehr
Und leerer ward es rings, leerer, und — leer!

Ruhlos dein Geist die weite Welt durchmißt,
Er sucht die Wahrheit, die er — selber ist.

So treibt durch die Jahrtausende — o Bild
Der Schmach! — der mitleidlose Wahn sein Wild:
Bluttriefend, stöhnend, auf der Lippe Schaum
Rast das gehetzte durch den Erden=Raum.

Es bricht zusammen — rafft sich auf — und flieht
Zu leerer Fernen endlosem Gebiet!...

Die letzten Schläge schlägt, o Mensch, dein Herz —
Dann neigt es sich in unerhörtem Schmerz — — —

Zum Schweigen sinkt der gelbe Sonnenball,
Und Herrscher wird der greise Mond im All...

Ein Tag wird kommen, wo der frevlen Jagd
Des Todes Bote jäh ein Ende macht.

Dann kehrst du dich zu dem Verfolger um,
Und bietest ihm zum Todesstoß dich stumm.
Du wartest, während wild dein Herz erbebt —

Was hält die Hand, die sich zum Schlage hebt?

Sie zögert. — Immer noch? — Sie fällt nicht nieder?
Du hebst die staubbedeckten, heißen Lider —

Und schauderst — — Ist es Wahrheit? Ist es Hohn?

Wo ist er hin, er, vor dem du geflohn?!

Und leer liegt da die öde, kalte Welt,
Die nun der Sterbenden letzter Fluch durchgellt:
„O Menschheit, jetzt bist du von mir erkannt:
Er floh sich selbst, der jetzt erst selbst sich fand!!"...
— — — — — — — — — — — — — — —

Ahasver-Mensch, du gingst zur Heimath ein!
Du bist gerettet, denn du wurdest dein!

———————————————

Ich kehrte bei mir ein. Mein ward die Welt
Seitdem ich über sie mich kühn gestellt.

Und wieder braust mein Sturm jetzt durch die Lande.
Ich weiß: auch diesmal sprengt er stärkste Bande.

Nie kommt der Tag, der alle Menschen eint,
Ob den Entnachteten als Frieden scheint —
Wann aber kommt der Tag, der meinen Gruß
Der fliehenden Zukunft windet um den Fuß?
Ich weiß es nicht. Aus meines Lebens Buch
Riß ich das Blatt des Wahns, — mir selbst genug.

Geendet ist der Kampf nicht, doch die Qual:
Ich ward mir selbst mein letztes Ideal!

Im Frühjahr 1889.

Zur ersten Auflage.

So wirf, meine Fackel, zum ersten Mal
Nun dein Licht in die Nacht unserer Tage!
Meine Hand ist stark! Leuchte, loh' auf!
Flamme! Zum Himmel schlage!!

Du streust deine Funken auf eine Welt
Und kein Mund vermag dich zu nennen...
Wo die Kleinheit sich spreizt und die Größe verkommt,
Dort sollst, meine Fackel, du brennen!

Wo die Schuld sich freut, wo der Wahn sich dehnt,
Wo die Lüge regiert, wo das Unrecht nistet,
Wo Pflicht pharisäisch das Leben zermalmt,
Wo Härte als Tugend und Recht sich brüstet,

Dort wirf, meine Fackel, dein zündendes Licht
In die Herzen, sie schauernd zu schütteln!
Doch auf Stirnen des Grames wirf wärmendes Licht,
Sie auf aus dem Zweifel zu rütteln!

Ja! — so lange die Hand, die dich faßte und hält,
So lange die Hand nicht vermodert,
So lange sollen die Lügenden sehn,
Wie dein Licht ihre Lüge durchlodert!

Im Dezember 1887.

> I know
> That Virtue owns a more eternal foe
> Than Force or Fraud: old Custom, Legal Crime,
> And bloody Faith, the foulest birth of Time.
>
> PERCY BYSSHE SHELLEY.

Arma parata fero!

Ihr könnt das Wort verbieten —
    Ihr tödtet nicht den Geist,
Der über Eurer Lüge,
    Ein kühner Adler, kreist!
Ihr könnt das Wort verbieten,
    Doch rollen wird sein Schall
Hin über Eure Häupter
    In dumpfem Widerhall!
So lange wird es rufen
    Zur That die schlaffe Zeit,
Wie nach der trägen Mutter
    Das Kind verlangend schreit,
Bis auf den höchsten Höhen,
    Bis in dem tiefsten Schacht
Der Mensch zum letzten Kampfe
    Sich aufrafft und erwacht.
Hei, wie die Steine fallen
    Von Eurer festen Burg!

Durch die gestürzten Mauern
        Glänzt schon das Frühlicht durch!
Und wenn auch mancher sterbend
        An Eurer Lüge sinkt,
Sich auf den leeren Posten
        Ein neuer Kämpfer schwingt!
Ihr mögt sein Wort verbieten!
        Ich sehe seinen Geist,
Wie er, ein kühner Adler,
        Ob Eurer Schande kreist!
Dann steigt auf todten Trümmern
        Die neue Zeit empor,
Und Allen leiht sie freundlich
        Ihr immer offenes Ohr!
Dann werden die Tage kommen,
        Wo nicht mehr fort und fort
Das Wort der bangen Sehnsucht
        Auf durstigen Lippen dorrt.
Wo Keiner Frevel nennen
        Die kühne Wahrheit darf,
Wenn sie den Fluch der Lüge
        Beleuchtet grell und scharf!
Dann sind wir endlich Sieger!
        Und Euch, Euch bleibt die Schmach,
Die auf dem Weg der Freiheit,
        Ein trüber Schatten, lag! —

Noch ist in Euren Händen
        Die rohe, dumpfe Macht,
Die jedes freien Wortes
        In Hochmuthsdünkel lacht!
Noch könnt Ihr es verbieten:
        Das Wort — doch schon sein Geist
Hoch über Eurer Lüge,
        Ein freier Adler, kreist!

Weltanschauung.

Eine neue Zeit wird kommen, anders geartet als jene, welche war und welche ist. Langsam wird sie kommen, wie dem Kranken der Tod und dem Genesenden das Leben, aber sicher.

Sie wird den entsetzlichen und unwürdigen Wahn der Autorität, und alle jene ihm entspringenden Begriffe, wie: Religion, Nationalität, Staat, Patriotismus, Gesetze, Pflicht, Recht 2c. aus dem Bewußtsein und dem Gedächtniß der Menschen streichen, und an deren Stelle setzen: Weltbürgerthum, Allgemeinheit und Unabhängigkeit; Selbstherrlichkeit und Selbsthülfe.

Und ein neues Wort wird hinzutreten, dessen Segnungen noch Keiner von uns kennt, nur Wenige von uns ahnen: Freiheit!

Denn das Ewig-Einzige beginnt zu siegen über alles Ererbte! —

Ich weiß nicht, wann es siegen wird, aber ich weiß, daß es siegen wird, und fahre in dieser Ueberzeugung in diesem Abschnitte mit der Aufzeichnung der Grundzüge einer Weltanschauung fort, welche nur das eine Ziel kennt: natürlich und vernünftig zu sein.

Die Dichtung der Zukunft.

1.

Kein Kind, das in muthwilligem Vergnügen
    Sich Blüthen von dem Baum des Lebens nascht —
Weltfern, am Waldesrand, in Selbstvergnügen
    Nach eines holden Traumes Falter hascht —

Kein Weib, das um die Lüge unserer Tage
    Den Schleier stillzufriedenen Wahnes schlägt —
Und unser Herz, vorüber jeder Frage,
    Zu einem Paradies des Friedens trägt —

Und keine Greisin, die mit müdem Blicke
    Auf das von ihr Erreichte muthlos schaut —
Und still entsagt, sich selber dem ‚Geschicke'
    Hingebend, weil sie sich nicht mehr vertraut —

Nein, eine andere ist unserer Zeit
Verstoßene Göttin Dichtung! — Neue Bahnen,
Zu Zielen führen, welche wir nur ahnen,
Beschreitet sie in hoher Herrlichkeit!

2.

So wird die Dichtkunst unserer Zukunft sein:
Die Wahrheit wird sie ihre Göttin nennen.
In ihrem heißen, sonnenklaren Schein
Wird Tand und Wahn aufflackern und zerbrennen.

Wie dürres Holz aufraucht und sprühend knistert,
So fallen alle frommen, holden Lügen,
Dem glaubensseligen Menschen eingeflüstert,
Und aufwärts steigt in himmelkühnen Flügen

Der Adler Freiheit! — und vor seinem Flug
Rauscht auf die Luft; bei seiner Flügel Schlagen
Zerstäubt der Rauch — und in der Dichtung Buch
— Schau her! — ein neues Wort wird eingetragen!

3.

Sie wird die Blutthat immer Blutthat nennen.
Sie wird die Herrscher von den Thronen geißeln.
Sie wird den Mörder nicht zum Helden brennen,
Und seinen ‚Ruhm' nicht mehr in Worte meißeln.

Sie wird die Könige nicht mehr besingen.
Sie wird ihr Lied dem Aller-Aermsten weihn.
Sie wird nicht Rosen um die Schwerter schlingen.
Nein, sie wird auf in wildem Schmerze schrein!

Und die Gerechtigkeit wird zögernd kommen,
Warmleuchtend gießt sich über uns ihr Schein:
Wir werden keine ‚Reinen‘ mehr und ‚Frommen‘,
Wir werden endlich einzig M e n s ch e n sein!

Poesie.

Hebt hoch des Urtheils Waage, und beschwert
    Die eine Seite mit der Wucht der Fracht,
Die der Verstand, der grübelnde, bescheert,
    Und in der Form der Dichtung dargebracht —

Legt auf die andere dann die leichten Blüthen
    Der Poesie, den kleinen, duftigen Strauß,
Der unverwelkt nach blinder Zeiten Wüthen
    Mit Duft füllt unsers Lebens enges Haus —

Laßt dann die Hand! —: die Waagen werden steigen
    Und fallen erst, bis eine höher schwankt,
Und deinem Sinn wird sich die Wurzel zeigen,
    Aus der das Glück der Menschheit langsam rankt.

Kampfweise.

Der kleine Geist läßt sich in Händel ein.
Der große kennt den Kampf nur um die Sache.
Und weithin flammt sein Wort wie Wetter=Schein,
Daß es zur That die Schwächlichen entfache.

Laß sie doch unten laut vorbei dir treiben
Mit hohlen Phrasen und mit rohem Spott.
Du wirst, der stets du warst, auch immer bleiben:
Vornehm und frei — ihr Gott ist nicht dein Gott!

Das fernste Land der Wünsche — kühn betritt es,
Selbst wenn kein Andrer noch den Pfad betrat.
Wie werden mühlos einst und leichten Schrittes
Die Enkel ernten unsere herbe Saat!...

Vorkämpfer.

Und als die Ersten sind wir auserlesen,
Die ersten Blöcke aus dem Weg zu räumen.
Darum hinweg mit schwächlich-feigen Träumen.
Sie schwinden — und wir fühlen uns genesen!

Warum denn noch mit Winseln und mit Jammern
Uns an die Brust der müden Mutter klammern?
Warum nicht frisch und stark auf eigenen Wegen
Dem Ziel, das unsere Zeit uns stellt, entgegen?

Das ist das Wahre: seiner Zeit zu dienen
Und dennoch sie beherrschen! — Klaren Blickes
In Zukunft schaun mit eisenharten Mienen
Und schnell mit kühner Hand in des Geschickes

Verworrene Fäden greifen, ehe sich
Zum unlösbaren Knoten unser Leben
Verschlingen kann — wer rückwärts feige wich,
Der klage nicht — der hat sich selbst ergeben!

Grenzen?

Sie ziehen Grenzen, Grenzen überall,
Und schachteln Alles ein: jedwedes Leben,
Gefühle und Ideen, der Worte Schall,
Die Thaten, — ja das ungeborene Streben!

Des Einzelnen Geburt, Leben und Tod,
Und die Gesammtheit theilen sie und theilen.
O welchen, welchen Tages Morgenroth
Wird uns vom Fluche dieser Krämer heilen?!

Und nirgendwo sind Grenzen! — grenzenlos
Was uns umgiebt, die wir uns Menschheit nennen!
Wir möchten uns umfassen, stark und groß,
Allein sie — scheiden, richten, mäkeln, trennen! — —

Schrankenlosigkeit.

Doch bist du frei, dann sei es schrankenlos
Und nirgends, nirgends, nirgends seien Grenzen!
Dann wird dein Denken klar und wahrhaft groß,
Der Welt gehören deines Geistes Glänzen!

Und lebe, wie du denkst! — Nicht aus Systemen
Wirst deines Lebens Bau du auferbauen.
Das Herz wird immerbar das Wort beschämen —
So laß hinfort uns keinem Wort mehr trauen!

Nirgends sind Grenzen! — nur die Zeit umstellte
Uns alle mit den künstlich=hohen Schranken,
Doch sie sind morsch! — und unsere Zeit, sie fällte
Die ersten Stützen. — Leuchtende Gedanken,

Sie stiegen auf, gleich Sternen, aus der Nacht,
In der in Irrniß wir versunken lagen —
Sie werden uns als Sieger nach der Schlacht
Zu neuen, nur geahnten Ufern tragen!

Heimath.

Ihr klammert Euch in kleinlichen Gedanken
  An jenes Land, wo Zufall Euch gebar,
Und fühlt Euch wohl in seinen engen Schranken.
  Ob menschlich jemals solche Liebe war?

Heil Euch! — so mögt ihr dort Euch auch begraben,
  Genügsam und zufrieden, klein und klug!
Doch jene, welche Blut im Herzen haben,
  Sie fühlen solche Grenzen nur als Fluch!

Sie lieben auch die Heimath, doch sie breiten
  Nach außen kräftig ihre Arme aus,
Und wenn sie heimwärts dann die Schritte leiten
  Wird ihnen zum Gefängniß nicht ihr Haus!

Vaterland.

Nicht, wo der Zufall einst die Grenze zog,
 Soll meine Liebe sterben und erstehen!
Ich will von freier Warte, weit und hoch,
 Die Länder dieser Erde übersehen.

Und wo die Freiheit wohnt, dort will ich leben,
 Und wo die Menschen wirklich Menschen sind,
Dort will ich wirken. Aber nimmer kleben
 An einer Scholle, ein unmündig Kind,

Ein ganzes Leben. Und wenn immer frecher
 Europa ihre freien Söhne bannt,
Dann rufe kühn: „Ich bin der Freiheit Sprecher,
 Und gern vermisse ich mein ‚Vaterland'!"

Unabhängigkeit.

Vertraust du einem Anderen dich an,
　Er läßt am Fels des eigenen Glücks dich stranden —
Mit eigenen Händen steure deinen Kahn,
　Nur so wirst du im Port der Freiheit landen!

Wie heißt der Quell, an dem mit müden Libern
　Für immer du die große Sehnsucht stillst?
„Die Unabhängigkeit von deinen ‚Brüdern‘,
　Daß gehn du kannst und weilen, wo du willst!"

Für immer auf die eigene Kraft gewiesen,
　Erhebst du dich — wartest des Angriffs still —
Besiegst du — David — Goliath, den Riesen,
　Der Mehrheit heißt und dich zertreten will.

Weltbürgerthum.

Ja, größer ist das Herz, der Geist ist freier,
Der Sinn ist edler, und das Wort wiegt schwerer,
Das rings in aller Kleinheit roher Feier
　Dasteht, der höchsten Freiheit kühner Lehrer!

Liebe die Erde! Liebe nicht ein Land,
　Weil dir ein Zufall dort die Pfade wies.
Ein Land ist niemals frei. Küßst du die Hand,
　Die dich in Fesseln zwang? in Knechtschaft stieß?

Brich diese Ketten, die Beschränktheit schürzte.
　Ein Frevler, der da sprach: Dies Land ist mein!
Fluch ihm, der dir und mir das Recht verkürzte,
　Menschen und Bürger dieser Welt zu sein!

Staat.

Der Staat — er falle! — ob er Monarchie,
  Ob Republik, ob sozial sich nenne,
Denn nie kann es geschehn, — nie, sag' ich, nie —
  Daß je im Staat der Freiheit Fackel brenne.

Der Staat ist Zwang. Er kennt nur Herr'n und Knechte.
  Wir aber wollen keins von Beiden sein.
Wir wollen uns're heiligen Menschenrechte,
  Um sie zu deuteln, keinem Zweiten leihn.

Erst wenn sein Joch von unserm Nacken nahm
  Die Hand der Freiheit, athmen Alle, Alle!
So lange aber dieser Tag nicht kam,
  Ertönt mein Ruf: „Der Mörder Staat — er falle!"

Anarchie.

Immer geschmäht, verflucht — verstanden nie,
 Bist du das Schreckbild dieser Zeit geworden...
Auflösung aller Ordnung, rufen sie,
 Seist du, und Kampf und nimmerendend Morden.

O laß sie schrein! — Ihnen, die nie begehrt
 Die Wahrheit hinter einem Wort zu finden,
Ist auch des Wortes rechter Sinn verwehrt,
 Sie werden Blinde bleiben unter Blinden.

Du aber, Wort, so klar, so stark, so rein,
 Das Alles sagt, wonach ich ruhlos trachte,
Ich gebe dich der Zukunft! — Sie ist dein,
 Wenn Jeder endlich zu sich selbst erwachte.

Kommt sie im Sonnenblick? Im Sturmgebrüll?
 Ich weiß es nicht... doch sie erscheint auf Erden! —
„Ich bin ein Anarchist!" — „„Warum?"" — „Ich will
 Nicht herrschen, aber auch beherrscht nicht werden!" —

Partei.

Partei ist heute Alles! — Jeder nimmt
 Sich seinen Stand in einer; Jeder stimmt
Der eigenen Wünsche unberührte Saiten
 Nach ihrem Klang; ob innerlich auch streiten

Gedanken und Gefühle scharf dagegen!
 Er ist ein Glied der Kette, darf nur regen
Sich innerhalb der streng gezogenen Grenzen
 Und alles Licht, er sieht's wie Schatten glänzen

Durch die papiernen Wände der Partei!
 — Wo aber ist der Mensch, der kühn und frei,
Einzig allein die eigenen Wege geht?
 Stark jedem fremden Einfluß widersteht?

Und der sein Denken, wie sein Wünschen nicht
 Den Wünschen And'rer schwächlich unterstellt?
Der Licht nur will, und nichts als hellstes Licht,
 Zu klären seines Daseins ganze Welt?!

Als Bruder kennt er nur den Freien an,
 Und reicht ihm gern zu gleichem Kampf die Hand,
Und drückt sie fest — doch niemals darf und kann
 Zur Fessel werden dieses freie Band! —

Herren und Knechte.

Ein Hund ist der, der einen Herren kennt!
    Doch wir sind Herren nicht und sind nicht Knechte!
Schamlose Frechheit wagt es noch und nennt
    Knecht einen Andern, dem die gleichen Rechte

Wie ihm gelegt einst in des Lebens Wiege!
    — Ein Jeder sehe, ob er gehen kann,
Doch Keiner sei so hündisch, daß er biege
    Sein Knie in Furcht vor einem andern Mann.

Gleich hoch sei jede Menschenstirn gehoben!
    Ob sie nun arm sei oder schätzereich.
Ich will mein Recht, du magst das deine loben,
    Für mich, für dich, für alle ist es gleich.

Arbeit.

1.

Arbeit, du Wort, um das die Welt sich windet
In Krämpfen, welche heute so die Zeit,
Die kranke Zeit, durchschütteln, daß erblindet
Vernunft dem Wahnsinn ihre Zügel leiht!

Die Sklavin Arbeit will zur Herrscherin werden —
Wer jauchzt nicht, der die große Kunde hört,
Daß endlich die Verachtete auf Erden
Und heuchlerisch Gepriesene sich empört?

Sie sprengt das Thor der Zeit mit derben Händen,
Doch sie — die n o ch nicht ihren Werth erkannt,
Verkauft dem Wahn sich, ihre Schmach zu enden,
Ihm, welcher in ein neues Joch sie spannt!

2.

Noch immer will sie sich nicht selbst verwerthen!
Die Händler treibt aus ihrem Tempel sie,
Und setzt in seine Hallen, die sich leerten,
Den Götzen Staat — ihn, der erhört sie nie!

Er schützt den Einen und beraubt den Andern;
Die Ersten trägt er mühelos an's Ziel,
Und läßt die Letzten tief im Staube wandern;
Und ruchlos treibt mit Allen er sein Spiel . . .

Erst — nicht wenn, wie Ihr wünschet, freigegeben
Die Arbeit ward — nein, wenn sie selbst sich frei
Von ihren Herren machte, kann ein Leben
Erwachsen, welches werth zu leben sei.

———

3.

Ihr sagt: „Nichts ist, was ich mir selbst verdiente,
Gemeinsam ward, was wir erreicht, gethan,
Darum kannst du, den unsere Kraft umschiente,
Zurück nur geben, was du erst empfahn!"

So sucht zu Eurem Dienst Ihr mich zu zwingen
Und meine freie Kraft. Ich aber bin
Der Eure nicht. Es schwebt auf eigenen Schwingen
Der Eigene zum eigenen Ziele hin.

Ihr aber: bisher Sklaven nur der „Einen",
Ihr werdet Sklaven nun der „Andern" auch —
Der Freiheit-Sonne neuerwachtes Scheinen
Löscht trüber, düsterer, kalter Nebelhauch —

———

4.

Gebt Raum, Ihr Alles-Gleicher! — Seht sie steigen
Und fallen, jene lebenquellende Kraft,
Sie, die den Einzelnen dem starren Schweigen
Eurer Zusammenwürfler kühn entrafft!

Ist mein nicht alle Arbeit, die ich thue?
Sie, die auf's Spiel gesetzt, wird sie verspielt?
Mein mein Bethätigen? Mein meine Ruhe?
Und Feind nicht Jeder, der sie mir bestiehlt?

Natur schuf uns zu ewig wachem Streite —
Glaubt nicht, daß Ihr zum Frieden je ihn bannt,
Doch daß er sich zum freien Wettstreit weite,
Das, Zukunft, liegt in deiner starken Hand!

Gesetze.

Ihr seid die Diebe, die Ihr ohn' Erbarmen
Dem Unbeschützten stehlt sein heilig Recht!
Ihr seid die Elenden, die Ihr dem Armen
Sein letztes Brot zu nehmen Euch erfrecht!

Und Ihr seid Mörder, denn Ihr mordet ihn,
Der nicht, wie Ihr, in Glanz und Glück geboren,
Dem nicht, wie Euch, die rohe Macht verliehn!
Sprecht: Wer hat Euch zu Richtern je erkoren?!

Ihr wart es selbst! Um Euer kleines Leben,
Das bluterkaufte, länger noch zu retten,
Habt mit Gesetzen Ihr Euch dicht umgeben!
Gewalt heißt Euer Recht, und Kerker-Ketten!

Recht spreche Jedem einzig sein Gewissen,
Und wo es schweigt, ist nicht das Urtheil dein! —
Wenn der Gesetze letztes Blatt zerrissen,
Wird ausgelöscht die letzte Sünde sein!

Atheismus.

Vielleicht, wenn einst die müden Augen brechen,
Wenn niedersinkt des Todes finstre Nacht,
Daß ein Gebet dann meine Lippen sprechen,
Das nie im Leben der Verstand gedacht.

Vielleicht, daß ich mit einer Lüge scheide
Von einem Sein, des Wahrheit nur gekannt,
Wenn ich des Lebens letzte Schmerzen leide
In Angst und Nacht und Irrsinn festgebannt.

Dann unterlag mein Geist; dann brach mein Wille!
Dann floh Vernunft! — doch wenn ich es vermag,
Dann künde noch der letzte Schrei, der schrille,
Dann künde noch des Herzens letzter Schlag:

„Ich glaubte nie an einen Gott da droben,
„Den Lügner oder Thoren nur uns geben,
„Ich sterbe — und ich wüßte nichts zu loben —
„Vielleicht nur Eins: daß wir nur einmal leben!"

Communismus.

1.

Glaubt nur an Liebe! — Ihr, die Atheisten,
  Die, wie Ihr rühmt, von Gott sich frei gemacht,
Ihr seid die unverbesserlichsten Christen —:
  Ihr folgt der Lehre, die Ihr doch verlacht.

O wunderlicher Zwiespalt der Gefühle!
  Ihr fegt der Worte Oberfläche rein —
Aus ihrem wüsten, lärmenden Gewühle
  Kehrt nie Ihr in der Worte Tiefe ein.

Ihr glaubt — und hofft — in selig wirren Träumen
  Irrt Euer Wahn um eine ferne Welt,
Bis — in unwirklich=wesenlosen Räumen
  Verirrt — er seine letzten Flüche gellt...

2.

Es ist nur eine lange, lange Kette,
  Die jene Lehre um den Fuß Euch wand,
Sie, welche Liebe lehrte... „Sie errette
  Uns und die Welt!" schreit Euer Unverstand.

Mich aber packt ein Grauen vor Euch Thoren,
Das nah und immer näher mich umschleicht,
Wenn ich Euch sehe, wie Ihr — stets verloren —
Dem Feinde selbst den Griff der Waffe reicht,

Mit der er Euch vernichtet! — Und mein Grauen,
Es wird von keiner Hoffnung mehr erhellt:
Statt eine neue Welt Euch anzubauen,
Glaubt Ihr — und schreit nach einer neuen Welt!

———

3.

Das Grauen vor der neuen Welt=Gestaltung,
Die weher Sehnsucht Wahnbild bleibt und ist...
Wo ist dann Freiheit noch? Und wo Entfaltung,
Wenn Keiner sich mehr an dem Andern mißt?

Was Staat jetzt heißt, wird dann Gemeinde heißen,
Der Einzelne wird mehr und mehr umengt,
Ihm ist versagt, sich los und frei zu reißen,
Er ist in — Rosen=Ketten eingezwängt!

Die „Liebe" breitet ihres Mitleids Schwingen
Ueber der Tage unentschiedene Schlacht!
Sie lähmt dein Leben, meines Geistes Ringen;
Mein Lachen und dein Weinen sind bewacht;

Und bleigrau-öde, trübe Langeweile
 Sinkt auf die Welt herab, ein Leichentuch,
Erfüllung hemmt des letzten Wunsches Eile
 Und schließt des Lebens unverstandenes Buch...

Freie Liebe.

Frei sei die Liebe! — Keine Kette binde
Die Hände, die der freie Wille fügt!
Vielleicht, daß einst das Auge dir, das blinde,
Die Wahl des ersten, heißen Fühlens rügt.

Dann sollst du frei sein! — kommen soll und gehen
Der Mann zum Weibe, und das Weib zum Mann,
So frei wie droben frei die Winde wehen!
Frei sei die Liebe! — wahrlich dann erst, dann:

Dürft Ihr von Liebe sprechen, Sittenwächter,
Die Ihr uns unser Liebesglück nicht gönnt,
Und — echter Lebenslust arme Verächter —
Zu tadeln wagt, was nicht verstehn Ihr könnt.

Hinweg mit Euch! — gezählt sind Eure Tage.
Natur, die starke, ist in uns erwacht
Und sie zermalmt mit einem Flügelschlage
Gesetze, Sitten, Euch und Eure Macht!

Moralisten.

Ich weiß nicht, wen ich heißer als sie hasse:
Die Moralisten — diese Heuchlersippe!
Sie sind wie Wachs, wo ich sie auch erfasse,
Und lachend spotten sie der schärfsten Klippe.

Wo die Natur schreit, seht Ihr sie beschwichtigen!
Wo Wahrheit redet, lächeln sie voll Hohn!
Sie haben überall aus Worten, nichtigen,
Aus halben Lügen sich erbaut den Thron.

Wo wir sie endlich ganz zu fällen trachten
Und mit Verachtung sie zu treffen wähnen,
Da stehn sie lächelnd: „Wie? wer kann verachten
Uns, welche alle ‚Guten‘ doch umlehnen?"

O diese Selbstbewußten! wann kehrt endlich
Die eigene Lüge gegen jene sich,
Und klafft — für alle plötzlich g a n z verständlich —
Aus Tagen auf, von denen Wahrheit wich?! —

„Ich."

Ich hebe mich empor! — Ueber die Andern
   Erhebt sich hoch und frei mein stolzes Ich!
Wie lange hat es — nach wie langem Wandern? —
   Gewährt, bis endlich ich gefunden — mich)!

Nun wandere ich allein. Anders erscheint mir
   Die Welt, seit ich mich ihr nicht gebe hin:
Kein Lachen lacht mir, und kein Weinen weint mir,
   Ich bin kein „Einer" mehr — nur Ich ich bin!

Nichts weiß ich heute mehr von jenem Wahne,
   Dem letzten, der mich einzwang in sein Joch:
Der nicht mehr müden Hand entsank die Fahne,
   Die Liebe heißt. — Ihr lacht! Zermalmt mich doch!

Gegenwart und Zukunft.

Die Weiten liebe! — keine sei dir weit
  Und keine frei genug, wo du magst gehen!
Doch rückwärts schaue nie! — der todten Zeit
  Mußt dann du in die todten Augen sehen;

Wirst tausend Arme fühlen dich umklammern
  Und tausend Laute hören, die dich hemmen,
Und du bist stark genug nicht, diesem Jammern
  Entgegen dich, entgegen dich zu stemmen!

Der weiteste Gedanke sei der deine!
  Greif' ihn bei seinem Fittich, lichtbesäumt!
Dort schweife in dem tagesklaren Scheine,
  Wo kein Gefühl mehr von Gewesenem träumt!

Mehr kannst du nicht! und sollst du sterbend sehen,
  Daß Hochgedanken, freier als die deinen,
Die Welt mit neuem Flügelschlag durchwehen —
  Du mußt in Wahn zu sterben nicht vermeinen!

Du warst so frei, wie dir es möglich war...
  Sind freier noch, die nach dir kommen, dann
— Auf! preise neidlos glücklich ihre Schaar!
  Du siehst: es fällt die Welt aus ihrem Bann.

Du kämpftest gegen einen Gott noch — Jene,
Sie leben zweifelfrei in Wahrheit schon!
Du spanntest gegen Herrscher deine Sehne —
Sie wissen nicht mehr, was das ist: ein Thron!

Du kämpftest gegen Staat, gegen Gesetze —
Sie leben frei, und wissen nicht mehr, daß
Wir ihnen stark erkämpft der Freiheit Schätze,
Denn fremd ward ihnen unser heißer Haß!

Wir in der Gährung — Jene in der Klarheit!
Wir noch im Streit — und schon im Frieden sie!
Wir noch die Sucher — Träger sie der Wahrheit!
Und sie im Glück, das uns — gelächelt nie!

Egoismus.

Ich nehme dich, du todtgeschmähtes Wort,
— Denn ich verstehe dich! — in meine Arme.
Ich weiß: du bist der Freiheit letzter Hort,
Und darum sage ich zu dir: Erwarme!

Erstarke, Egoismus! — Sieh', die Fluth
Des Wahns der Liebe regt und wächst und schwillt,
Und was an Wahrheit in der Tiefe ruht
Zeigt sich als dein verzerrtes Ebenbild.

Nicht Haß, nicht Liebe liegt auf deinen Zügen,
Der Friede nur, der stets sich selber hält —
Wann räumst du auf mit **allen** frommen Lügen?
Und wann regierst in **Jedem** du die Welt? —

Hinter dem Tode.

„Den Flammen sollt Ihr meinen Körper geben,
Sobald der letzte Athemzug gethan,
Denn Tod ist Ende! — daß ein zweites Leben
Entsprieße ihm, ist eitler Thorenwahn!"

— So war dein letztes Wort, du großer Denker.
Sie aber thaten nicht, wie du begehrt,
Die einst im Leben deines Geistes Henker,
Verlachten, was dein letzter Wunsch gelehrt.

Sie scharrten abseits dich der Kirchhofgrenzen,
Um dich zu schänden. Doch sie ehrten dich
Weit höher so, als mit erlogenen Kränzen:
Dein Leben und dein Tod — sie glichen sich.

Im Leben einsam, fernab ihren Schaaren;
Dein „Ich" behauptend in der feilen Welt —
Im Tod selbst Allen fern, die feind dir waren,
Von keinem Kreuz der Lüge mehr umstellt —

Das war, was du gewollt! — wenn auch mit Beten
Kein Weinender zu deinem Grabe wallt,
So wird doch einst erschauernd zu ihm treten,
Jenes Geschlecht, dem all' dein Denken galt.

Freiheit.

1.

Sagt nicht, daß frei wir sind! — Noch wird das Wort,
Das wie ein Hauch die dumpfen Zelte lüftet,
In die sie sich verkriechen fort und fort,
Noch wird es unterdrückt! — und wie zerklüftet

Auch unser Fühlen, unser Denken sei:
Die bange Seele muß den Athem halten,
Und darf hinaus nicht rufen, stark und frei,
Was sie bedrängt! — Wie vor dem Schnee, dem kalten,

Der Frühling schaudert, schweigt ihr Wünschen sie
Und sucht es ängstlich, ängstlich zu verbergen ...
Das ist nicht Freiheit! Täuscht Euch nicht! Noch nie
Sahn wir befreit uns von der Knechtschaft Schergen!

———

2.

Sagt nicht, daß wir frei sind! Als Frevel noch
Gilt jedes Wort den blinden, feigen Schaaren,
Das kühn zu sprengen sucht das Eisenjoch,
Das auf uns liegt seit so viel trüben Jahren.

Sie spritzen i h r e Schmach auf uns, um dann
Mit frechem Finger auf uns hinzuzeigen:
„Seht Ihr den Makel dort an jenem Mann?
Er geht in der Verworfenen blutigem Reigen!"

So nennt Ihr Haß, was einzig Liebe ist!
So scheltet Aufruhr Ihr, was nur Empörung!
Und streut in's Ohr der Lebenden mit List,
Wie immer, leere Worte der Bethörung!

3.

Jedoch Ihr fürchtet uns! Euch treibt das Grauen
Zu immer tolleren Wahnwitzsprüngen an!
Ihr könnt dem Freien nicht in's Antlitz schauen,
So werft Ihr ihn in dumpfer Kerker Bann.

Doch wähnet nie, die Freiheit aufzuhalten!
Armselige Thoren, lernet: daß der Fluch
Der Unterdrückten kreist ob Eurem Schalten.
Lernt es aus der Geschichte blutigem Buch!

Lernt es und zittert! — Ehe noch gesunken
Dieses Jahrhundert wieder in Nacht,
Hat unsre Erde Euer Blut getrunken,
Ist sie vom Schlummer bräuend aufgewacht!

Zwischen den Tagen.

Das ist der grause Fluch des Lebens,
 Vor dem des Herzens Schlag erbebt,
Vor dem Vernunft sich zweifelnd wendet,
 Vor dem ersterben muß, was lebt:

Sie, die in Lüge leben — glücklich!
 Die Wahrheitsucher — elend wir!
Und unaufhörlich pocht die Frage:
 Was ist's — das — zwischen dir und mir?

Was ist's? was ist's — und über Tiefen
 Und Höhen taumeln fort wir, fort,
Bis unser Mund kein Wort mehr findet,
 Bis unsers Hirnes Kraft verdorrt...

Chicago.

I. Vor dem Morde.
(An die Gemordeten.)

Ueber die Länder und über die Meere
 Sendet Euch seinen aufschreienden Gruß
Was in der Ketten zermalmender Schwere,
 Was im Elend verkommen muß!

Daß nicht die Armuth ihr Letztes verliere,
 Während die Erde ihr Zerrbild umtanzt,
Habt Ihr — der Wahrheit Pioniere —
 Drüben die Fahne der Freiheit gepflanzt!

Weil Ihr der Menschheit mißhandelte Knechte
 Mehr als das eigene Leben geliebt,
Weil Ihr des Herzens edelste Rechte
 Selbstlos in liebendem Eifer geübt.

Weil Ihr Menschen war't, sollt Ihr sterben!
Aber die Schmach fällt auf Jene zurück!
„Mensch sein" — das heißt heute: verderben,
„Mensch sein" heute: — entsagen dem Glück.

Doch, Genossen, noch seid Ihr gefallen
Unter den Händen der Schlächter nicht
Und unseres Schmerzes aufzürnendes Schallen
Drohend den Elenden Rache verspricht! —

Naht unser Tag nicht? — Hat ihr Verderben,
Noch nicht die Mörder des Rechtes erreicht?! —
Dann, Genossen, dann sei Euch das Sterben
Für Euren herrlichen Glauben leicht!

Wißt: umsonst nicht als Schrankenbrecher
Stießet die Thore der Zukunft Ihr ein!
Wißt: wir Lebenden werden die Rächer
Eures geheiligten Todes sein!

16. October 1887.

II. Nach dem Morde.
(An die Mörder.)

Es ist geschehn! — Und schaudernd wendet sich
Von Euch, den Mördern, eine Menschheit ab!
Nicht jene Menschheit, die in Nacht und Irrsinn
Begraben liegt am Morgen eines Tages,

Der schon die Erde segnend überleuchtet —
Nein, jene, welche durstigen Herzens schon
Die ersten seiner Strahlen in sich trank!

Schaudernd von Euch, den blutbefleckten Mördern!!

Vergebens waren alle jene Rufe,
Die Menschlichkeit — nichts mehr — von Euch verlangten.
Nur Menschlichkeit! Daß nie Gerechtigkeit
Von Euch uns werden würde, wußten wir.
Nur Menschlichkeit! — doch Ihr — verlachtet sie!

Es ist geschehn! — Von Furcht und Qual bedroht,
Von des Gewissens scharfem Biß gefoltert,
Habt Ihr — die feigen Knechte feiger Räuber —
Durch Eure Henker sie erwürgen lassen!

Es ist geschehn! Hört unsern Fluch! den Fluch
Von Millionen, die in dieser Stunde
Sich schaudernd ab von Euch, den Mördern, wandten:
Es breite über jeden Eurer Tage
Der Schatten sich des Sterbens, bis der Tod
— Derselbe Tod, den Ihr zu meistern wagtet —
Euch einzig noch Erlösung scheint vom Leben;
Und dann — verlasse Euch der Tod! Dann — lebt!
Euch rühre jede Nacht in jeder Stunde
Die kalte Hand des Rächers an und reiße
Euch auf vom Lager! — Das sei Euer Leben;

Und Euer Sterben dies: verlassen; freundlos;
Gehaßt von Euren Kindern; und verabscheut
Von Allen, die Ihr liebt; verflucht; verachtet
Erhebe sich vor Euren starren Blicken
In letzter Stunde einmal noch das Bild,
Das Eurer Tage nie versöhnter Schatten
Und Eurer Nächte drauend Schreckbild war!
Dies unser Fluch! Vernehmt ihn! Lebt! Und sterbet! —

Es ist geschehn! — Wohl starben unsere Brüder,
Jedoch sie werden leben in uns Allen!
Sie sind die ersten Opfer nicht der Zukunft,
Und werden nicht die letzten sein — uns Alle
Berührt der Fittich unserer dunklen Tage.
Wenn einst die Menschheit nach unzähligen Kämpfen
Gelernt, was „Mensch sein" heißt, und „menschlich handeln",
Dann werden sie — wie wir in diesen Tagen —
Mit Abscheu sich von jenen Mördern wenden,
Und es verstehn, warum in unsern Herzen
Die Liebe starb, und Haß erstehen mußte.

13. November 1887.

III. Ein Jahr später.
(An die Ueberlebenden.)

Ein Jahr ging dahin. Die verzehrende Gluth
   Der Seele, nun ist sie verlodert!
Im Grab der Vernunft sind Verzweiflung und Wuth
   Und mein Haß zur Wehmuth vermodert.

Und heute, wo ich endlich fand
Mich selbst in dem wilden Orkane,
Schreibt fest und langsam meine Hand:
„Auch Ihr seid gestorben im Wahne!"

Mein Glaube war nie der Eure: Ihr habt
Auf das „Volk" gebaut, auf „das treue",
Und als Ihr Euer Leben ihm gabt,
Da mußtet Ihr sterben in Reue...

Mein Glaube war nie der Eure — und jetzt,
Jetzt weiß ich, warum Ihr gestorben:
Weil Ihr Euer Heil auf die Liebe gesetzt
Hat sie Euch als Opfer geworben...

Mein Glaube war nie der Eure: der Feind
Lehrt Liebe auch und — verlacht sie!
Erst wenn er ihr bestes Glück verneint,
Hat er zur Erkenntniß gebracht sie...

Hier der ewige Winter. Doch auf Euer Grab,
Wo so herrliche Herzen verlobten,
Sinkt nun ein lächelnder Frühling herab —
Nur Euch lächelt er nicht, den Todten!

Der letzten Rosen betäubender Duft,
Zerfließend gleich schwindendem Wahne,
Umschmeichelt mein Haupt — ich grüße die Gruft
Dort jenseits der Ozeane...

Lebt wohl! — Es enthebt Euer blutiges Bild
  Sich dem rasenden Zeiten-Getriebe,
Uns aber beschirmt ein ehernes Schild:
  „Wir glauben nicht mehr an die Liebe!"

Lebt wohl! — — —

          Noch einmal redet mein Mund,
  Ein Mund, der nie gelogen,
Zu Euch, den Lebenden. Und Euch kund
  Thut er, warum Ihr betrogen.

Es ist Eure eigene, sühnbare Schuld,
  Daß so arm Euer Leben und Sterben!
Euer Wahn, Euer Glaube und Eure Geduld,
  Sie sind es, die Euch verderben!

Was sind denn Treue? — Was Recht? Und was Pflicht?
  Nur Worte, Worte, Worte...
O seht, es bricht ein leuchtendes Licht
  Durch der Lüge goldene Pforte!

Und es sinkt von den Stirnen, von Gram beschwert,
  Der Lorbeer des Märtyrerthumes,
Auf die sich in dunkelster Stunde geleert
  Die Schaale des schrecklichen Ruhmes —

Und Freude wuchert aus Gräbern, die
  In Wahrheit vergessen jetzt nicht mehr...

Wer hat sie gemordet? — Ihr, welche Ihr nie
Getaucht in der Wahrheit Lichtmeer!

Gott Volk, jetzt habe ich dich erkannt:
Ich erreichte im Ozeane
Die Insel, wo die Erlösung ich fand:
„Wer Gott stirbt, stirbt im Wahne!"

Wann hebst du dich endlich aus deiner Schmach,
Du, das an sich selbst verblutet? —
Wenn der letzte Nacken knirschend zerbrach,
Wenn die letzte „Liebe" verglutet!

Jetzt vernahmt Ihr es Alle, die Ihr bereit
Für die Zukunft steht im Gefechte:
Wenn Ihr die Stärkeren geworden seid,
Dann seid Ihr — „in Eurem Rechte!"

1868.

Der Alte und der Junge.
Ein Arbeiter-Zwiegespräch.

Der Alte:

Ist wieder ein Tag nun der Sorgen vorbei?
Kaum mag ich noch glauben, daß es so sei...
Doch die Sonne des Abends sinkt hinter die Höh'n
Und zur Ruhe ladet der Glocken Getön.
Zur Ruhe! — o Hohn, von Ruhe zu sprechen
Zu Denen, die täglich im Joche brechen,
Deren Leben e i n einziger Arbeitstag,
Der Stunde für Stunde sie stückweis brach!
Und der Tag meines Lebens — wie wird er mir lang!
Und jetzt kommen Stunden, da wird mir so bang
Und doch so leicht, als wollte beim Weh'n
Des Abends die Hoffnung mir wieder ersteh'n —

Der Junge:

Ja, Vater, das Wehen der neuen Zeit
Umrauscht beine Schläfe — wir stehen bereit.

Der Alte:

Eine neue Zeit? — Ich' glaub' nicht daran,
Die alte war schlecht — eine neue, was kann

Die Besseres bringen? — Mein Sohn, es ist immer
Die Hoffnung der Lüge lügender Schimmer!
Ich habe gelebt — und in siebenzig Jahren
Die Leiden von siebzig Leben erfahren.
Ich wollte, ich wäre vor fünfzig gestorben,
Ich hätte mir fünfzig der Ruhe erworben!
Du kennst es, mein Sohn — so wie es begann,
So vom ersten zum letzten Tag es zerrann:
Es war Arbeit des Sklaven in stündlichem Frohn,
Und der Arbeit des Sklaven ward niemals ihr Lohn.
Ich habe geschafft und hab' sie bereichert —
Sie haben gepraßt und haben gespeichert,
Indeß ich gehungert von Tag zu Tag.
Ja, so war das Leben, das auf mir lag,
Das Leben, zu dem wir — Mann, Weib und Kind —
Die in Armuth geborenen, verstoßen sind ...
Und das ist der Schluß: daß nun preisgegeben
Der Gnade Jener mein kraftloses Leben!
Doch lieber, als an ihren Tischen lungern,
Die ich gedeckt, will am Weg ich verhungern!
— Ja, das Leben des Alters ist heute schwer,
Und der Wunsch seiner Jugend: der Tod, sein Begehr.

Der Junge:

Ich halte dich, Vater, und werde dich halten,
Bis einst deine müden Lippen erkalten.
Doch erst sollst der Zukunft in's Auge du seh'n,

Ihr Athem, er soll noch dein Alter umweh'n.
Denn wisse die Kunde: in allen Landen
Sind in Schaaren dir Brüder und Schwestern erstanden,
Und sie haben die Hände zum Kampf sich gegeben,
Und sie schreiten entgegen dem neuen Leben,
Und Keiner hält ihren stürmischen Lauf,
Dem Glück und der Freiheit entgegen, mehr auf!
Auf dem Throne der König, der Pfaff am Altar,
Im Golde der Räuber erbleicht unserer Schaar!

Der Alte:

Mein Sohn, o wie gerne möcht' ich dir glauben!
Nicht will ich die Hoffnung und Freude dir rauben.
Doch sieh', auch unsere gemordeten Tage,
Wir trugen nicht stets sie mit nutzloser Klage.
Auch wir, wir haben uns oftmals geeint,
Um die Freiheit, die schöne, zu kämpfen gemeint,
Um das Banner der Führer uns treulich geschaart —
Und nicht eine Enttäuschung blieb uns erspart!
Sie haben geredet, getröstet, versprochen
Und uns, den Vertrauenden, Alles gebrochen.
Wir haben gekämpft und wir wurden vernichtet,
Und sie, unsere „Helden", wer hat sie gerichtet?!
Wir banden uns fester nur unser Loos
Und blieben im Elend, und sie — wurden groß!
Es sind Lügner, mein Sohn, und wer ihnen glaubt,
Ihm wird Hoffnung und Glaube und Liebe geraubt!

Der Junge:

So war es, mein Vater, und aus Eurem Erliegen
Ersteht uns die Hoffnung auf freudiges Siegen!
Denn wir haben die köstlichste Lehre gezogen
Aus der Lüge Derer, die Euch belogen:
Hinfort nur uns selbst — uns selbst! — zu vertrau'n,
Und so werden die Zukunft wir auferbau'n!

Der Alte:

Deine Worte, sie klingen verheißend und gut,
Doch mir, dem Enttäuschten, mir fehlt jetzt der Muth.
Doch sage: Ist Jeder unter Euch stark,
Sich selbst zu vertrau'n bis ins innerste Mark?

Der Junge:

Er ist es! — Der Freiheit, zu der wir geboren,
Ihr haben wir einzig uns Alle verschworen.
Doch nun höre die Lehre:
    „Der Mensch ist frei!
„Nicht sei er beherrscht, von wem es auch sei!
„Sein ist seine Arbeit, und sein ist ihr Lohn,
„Und er stehe hinfort in Keines mehr Frohn!
„Sein ist sein Dasein! — Nicht braucht er zu geben
„Den Andern: dem Staat, sein Glück und sein Leben!
„Er kennt keinen Gott mehr, nicht ist mehr dem Wahn
„Des Glaubens der Andern er unterthan!

„Frei ist seine Liebe! —. Und sein ist das Recht
„Zum Leben: sein Feind nur, wer sich erfrecht
„Ihm dies Leben zu schmälern. —"... So ist die Welt
Die neu nun sich beut, und die alte zerschellt.

Der Alte:

Ich sinne — und sinne — und kann's nicht versteh'n...
Soll Jeder die eigenen Wege nur geh'n?
Gelenkt nicht von oben, die Puppe am Draht?
Verpflichtet nicht mehr jenem Räuber, dem Staat?
Nicht Arme, nicht Reiche? — Noch Starke und Schwache?
In sich selber nur dienend der Menschheit Sache?
Kein Gesetz mehr, kein Zwang, keine Autorität?
Ob dann alle Ordnung nicht untergeht?!

Der Junge:

Die „Ordnung" von heute, ja, die wird zergeh'n!
Doch auf eigenen Füßen wird Jeder steh'n,
Seine Würde als Mensch über Alles schätzen,
Und darum die keines Andern verletzen!
Doch frei muß er sein -- in der Ketten Geflecht,
Der Herrscher und Sklave ist frieblos und schlecht!

Der Alte:

Wohl leuchtet dein Wort wie ein zündender Blitz,
Doch es findet im Hirne so leicht nicht Sitz.

Der Junge:

Ihr vertrautet den Andern, und mußtet erliegen,
Wir vertrauen der Freiheit, und wir werden siegen!
Auf des Einzelnen unerschüttertes Selbstvertrau'n
Da gilt es die neue Erde zu bau'n!

Der Alte:

Wie könnte das Streben nach Freiheit ich tadeln!
Doch wird sie Euch Alle, Euch Alle auch adeln?

Der Junge:

Sie wird es! Denn sieh, mit der Armuth Verderben
Muß Verbrechen und Laster verschwinden und sterben.

Der Alte:

Und die Lehre, die neue, wie nennt Ihr sie?

Der Junge:

Nach der Freiheit nannte sie sich: Anarchie!
Jeder Einzelne von uns ist stolz ihr Träger,
Ist der Zukunft Sprecher und der Gegenwart Kläger!

Der Alte:

O die Tage der Freiheit, könnt' ich sie Euch geben!
Ich wollte mein Leben noch einmal leben.

Der Junge:

Du kannst sie nicht geben, mein Vater, und Keiner,
Denn die Freiheit besitzt nicht ein Volk oder Einer,
Die Freiheit Aller ist Freiheit des Einen,
Und die Freiheit küßt Alle nur, oder Keinen.

Der Alte:

Und wann kommen die Tage, die sie Euch bringen?
Sie kommt nicht von selbst, Ihr müßt sie erringen,
Mit eisernen Händen die flatternden Falten
Des luftigen Gewandes der flüchtigen halten.

Der Junge:

Sag', hörst Du nicht oft in den Stunden der Nacht,
Wenn die Welt verstummt und Dein Auge wacht,
Die Erde in Krämpfen erzittern und beben,
Als wolle ein neues, ein reineres Leben
Der Welt sie gebären?

Der Alte:

           Ich höre es wohl.

Der Junge:

Und hörst du ein Brausen nicht, grollend und hohl?
Horch, das ist das Echo von künftigen Tagen,
Es kommt, uns die Kunde der Zukunft zu sagen . . .
Und lauter und lauter das Echo ertönt,
Unter eisernen Füßen die Erde stöhnt . . .

Und Thron und Altar beginnen zu wanken
Und die Götzen des Goldes gerathen in's Schwanken…
Und der Marschtritt der Massen wird lauter und lauter,
Und der Zuruf der Brüder wird freudiger und trauter…
Und sie kommen hervor aus den Höhlen der Noth,
Und wie Eins klingt nach Freiheit der Ruf und nach Brot…
Und die Massen wachsen — was entgegen sich stemmt,
Wird verschlungen vom Strom, der die Welt überschwemmt!
Und dann: auf den Trümmern zerborstener Paläste
Erhebt sich die Menschheit zum Freiheits=Feste,
Und was uns geknechtet, liegt Alles bezwungen:
Die Erde ist unser! Der Sieg ist errungen!!

(Pause.)

Der Alte:

Ich lausche… Dein Glaube, er lehrt mich versteh'n.
Nimm den Wunsch denn des Alters: Du mögest sie seh'n,
Die Tage des Glücks und der Freiheit, mein Sohn,
Und sie, die sie schafft: die Revolution!

Der Junge:

Ich werde sie sehen, und sollte mein Leben
Der Zukunft der Welt zum Opfer ich geben. —
Sieh' —: die Sonne der Freiheit steht über den Höh'n
Und sie leuchtet, wie nie sie geleuchtet, so schön!…

Der Fluch der Arbeit.

Der Segen der Arbeit?... Er heißt uns Vergessen,
Und unsere verkauften Tage durchmessen,
   Von seinem Joche wir wund gedrückt.
Und naht dann der Abend, dann sind wir zufrieden:
Wir verdienten uns Freude, die uns nicht beschieden,
   Bevor wir den Nacken nicht tief gebückt.

Armseliger Wahnsinn verblendeter Thoren!
Zur Freude bist du und bin ich erkoren —
   Durch dein Leben allein hast du sie verdient.
Nur, um leere, um kleinliche Tage zu kürzen,
Mit dem Trugbild von Pflicht sein Denken zu würzen,
   Hat sich mit Phrasen dein Geist umschient.

Und unermessen ballt sich zusammen
Ein Chaos von Arbeit, und droht zu verrammen
   Für immer, für immer der Freude Thor! —
Der Segen der Arbeit! — Ja, in ihrem Segen
— Als Schatten liegt er auf all' unsern Wegen! —
   Fast der Schimmer der Freude sich schon verlor!

Gebückte Nacken gilt es zu heben,
In todte Adern zu gießen ein Leben,
   Das Freude, Freude, Freude nur kennt;

Den Staub zu waschen von grauen Stirnen,
Den Staub zu wehn aus vertrockneten Hirnen,
Ein Licht zu entzünden, das heiter brennt.

Das Licht der Vernunft, das — vorbei an den Worten
Des Wahnes züngelnd — die ehernen Pforten
Der Zukunft mitleiblos offen stößt:
Wir wallen hinein in die leuchtenden Hallen,
Ein Taumel der Freude hat uns befallen,
Und vom Bann der Vergangenheit sind wir erlöst!

O Fluch der Arbeit: dir opfern vergebens
Wir Glück und Genuß und Freude des Lebens,
Zu tief sind in Wahnsinn und Nacht wir getaucht! —
Wann kommen nach Arbeit, nach Leid und nach Klage,
Nach Pflicht und nach Kümmernissen, die Tage,
Wo die Menschheit nichts mehr zu vergessen
braucht?! —

Vernunft und Wahn.
1887.

I.

Ueber die Erde wandeln die Geschlechter
Wie die Zeiten des Jahres: in ewigem Wechsel!
Und unabänderliche Gesetze
Schreibt ihnen allen die Mutter Natur.
Noch immer folgte dem Völker=Frühling,
Herbeigesehnt und herbeigerufen
Aus lichtloser Irrniß unthätiger Zeiten,
Ein weichlicher Sommer des schlaffen Genießens,
Bis erntend die Späteren köstliche Früchte,
Gesät einst in dürren, unfruchtbaren Boden,
Mit lächelnder Miene der stolzen Freiheit
Erhobenen Hauptes nach Hause trugen.
Und immer noch folgten auf Zeiten des Lichtes
Lichtlose Zeiten: — statt Wissen der Glaube!
Bis endlich aus Nacht und Oede des Lebens
Holdlächelnd der Frühling der Freiheit wieder
Sich über die durstende Menschheit dehnte,
Herbeigesehnt und herbeigerufen!
Doch niemals, so lange die Menschen wandeln
Hin über die Erde, war ein Gewinn,
Dem nicht der Verlust auf dem Fuße gefolgt.

Noch nie war ein Anfang, der ohne Ende.
Anfang- und endlos ist einzig — die Welt!

Ueber die Erde wandeln die Geschlechter!
Den Spätgebornen lebt kein Erinnern.
Sie sind vergangen, und kehren nicht wieder,
Und wie sie gelebt, und wie sie gestorben,
Wir ahnen es nur, wir wissen es nicht!

Doch wie wir wurden, wir wissen es heute!
Mit Adlerkühnheit hat freie Forschung
Den Schleier vom Haupte der Wahrheit gerissen,
Und Alles, was Wunder und Glaube hieß,
Es ist gesunken in jene Nacht,
In die zu den Göttern vergangener Zeiten
Der Gott nun stürzte, den lange Jahre
Die Menschen den „Allerbarmer" nannten,
Und dahingestäubt ist dies Wort des Entsetzens,
Das der Wahn und der knechtische Sinn einst erdachten.
Vor unseren Augen liegt klar nun die Erde,
Auf der wir geboren, auf welcher wir sterben,
Und heimathlos stirbt der hoffende Glaube,
Und Tausende jammern ihm schwächlich nach.
Sie bergen die Augen und wollen nicht sehen.
Zu grell ist das Licht noch für ihre Blicke,
Die immer in dämmernde Nacht nur geschaut.
Zu schwach ist ihr Fuß, um sicher zu stehen:
Er hat zwischen Irrthum und Hoffnung geschwankt,
Und kann nun nicht wurzeln im Erdreich der Wahrheit.

Doch nimmer wieder wird auf den Sockel,
Von dem das Bild seines Gottes gefallen,
Der enttäuschte Glaube ein neues stellen —
Das ist vorbei! — und das ist errungen! —

Jedoch wir wollen nicht thöricht vertrauen,
Denn immer noch folgte dem Tage die Nacht,
Und stärker als Wahrheit war immer der Wahn!

Ueber die Erde wandeln die Geschlechter
Mit trägen Füßen und dumpfen Herzen!
Sie sinken hinab in die Nacht des Vergessens,
Und Keiner ist mehr, der nach ihnen fragt.
Sie traf das Loos, das sie sich verdienten.
Wer aber hob im Laufe der Zeiten
Den menschlichen Geist von der niedersten Stufe
Hinauf zu den Höhen der freien Erkenntniß?
— Das waren nicht Jene, von denen Geschichte
Uns prahlend meldet in blutigen Büchern,
Das war nicht die rohe Gewalt der Arme —
Das war jene fluthende Kraft des Geistes,
Die fessellos frei in den Stirnen der Denker,
Im Herzen der Dichter gelebt und gewaltet!

Sie gingen voran, und die Massen — sie folgten!
Sie folgten nicht dankbar und freudig — nein, blind,
Wie immer sie folgen dem herrschenden Führer,
Mag er sie heute in gräßliche Schlachten
„Für König und Vaterland" frevelnd treiben,
Mag er sie morgen zum Tempel leiten

Zur höheren Ehre des „liebenden Gottes"...
Sie folgen — so werden sie folgen der Wahrheit;
Mitdenken und fühlen, das werden sie nicht!

Ueber die Erde wandeln die Geschlechter!
Einsam wandeln die Streiter der Wahrheit.
Ihr Auge ist kalt und ihr Mund ist herbe.
Ihr Herz ist verblutet im Kampf um die Wahrheit.
Doch ihr Fuß ist nicht müde. Nur schreitet er nicht mehr
Hindurch durch die Schaaren — an ihnen vorüber
Führt jetzt sein Weg. Er kennt nur noch eine,
Noch eine von allen Göttinnen der Erde,
Die strengste und reinste, die mitleidlose:
Vernunft! — Sie leitet ihn klar und sicher,
Und ihr allein gehört noch sein Hoffen,
Und ihr allein gehört noch sein Lieben,
Und ihr allein gehört noch sein Glaube!

II.

Doch das Licht liegt schattend über der Erde.
Die es besitzen, genießen es nicht,
Und die es erkämpfen, besitzen es nicht,
Weil immer weiter zu schwindelnder Höhe
Der Sporn heißfiebernden Suchens sie jagt.

Wo sind die Glücklichen unter den Menschen?
Die Glücklichen sind die unendlichen Schaaren,

Die freudig genießen den wechselnden Tag,
Und die nach Gestern zurück nicht blicken,
Und die auf Morgen nicht hoffend vertrauen,
Die nehmen, was ihnen der Zufall bietet,
Und geben, was Pflicht von ihnen verlangt.
Die thun, was die Andern thun, und die lassen.
Was Andere lassen, die hassend und liebend
Dieselben sich bleiben ein ganzes Leben.
Sie beten zum Gott, der der Gott ihrer Zeit ist,
Und leben in Glück und sterben in Frieden.
Und niemals greift Wahrheit mit stählerner Hand
Nach ihrer Stirn und nach ihrem Herzen.
Der Gewohnheit Kinder sind alle glücklich!

Die Glücklichen unter den Menschen — wer sind sie?
Die Glücklichen sind jene Thoren, die träumen,
Die immer in dämmernder Ferne Erfüllung
Des heißesten Wünschens des Herzens vermuthen.
Die im Herzen die Wonne und im Auge die Thräne
Sich selber für elend und unglücklich halten;
Die in tönende Worte die Lüge kleiden,
Und die es verstehen, sich selber zu täuschen,
So meisterlich, daß sie am Ende glauben,
Sie seien die Besten von allen Menschen,
Und seien die Wahrsten — und sind doch nur Träumer,
Die halb nur gelebt, ob ganz auch sich selbst.
Die Kinder des Wahnes sind immer glücklich!

Wer sind die Glücklichen unter den Menschen?
Die glücklichen Menschen, das sind die Gemeinen,

Denn die Gemeinheit ist immer zufrieden!
Sie steht am flachen Ufer des Lebens.
Sie hat nicht den Muth, sich in's Weite zu wagen,
Und doch nicht die Kraft, am Ufer zu bleiben.
So rührt sie mit schmutzigen Händen am Rande
Das Wasser und freut sich des eigenen Unfugs,
Und wirft mit Steinen nach eilenden Seglern,
Und spritzt mit Koth auf die Schaaren am Ufer,
Sie lebt von dem, was sie neidisch beschmutzt,
Und schaut verachtend vom sicheren Standpunkt,
Vom seichten, hinüber zu alle den Andern.
Auch das sind die Glücklichen unter den Menschen!

Und viele Andre sind glücklich=zufrieden — — —
Wo aber weilen denn Jene, die niemals
Die Täuschung, die Schlauheit, die Rohheit sich dienstbar
Zum Baue des eigenen Lebens gemacht?
Wo ist ihre Heimat? — „Sie haben nicht Heimat!"
Doch wo ist die Stätte, wohin sie sich flüchten,
Wenn müde gehetzt sie nach Ruhe sich sehnen? —
„In der eignen Brust nur; sonst nirgends — nirgends!"
Und eint sie kein Band? — „Der Gedanke allein!"
Und ist kein Zeichen, an dem sie erkennbar? —
„Das Lächeln des Schmerzes auf schweigender Lippe!"
Sie reichen sich niemals die Hände zum Bunde? —
„Nein, niemals! — für sich kämpft ein Jeder allein!"
Und was ist ihr Lohn? — „Ihr Lohn? — den empfangen
Die Andern für sie —" Doch sage mir Eins noch:
Sie sind nicht glücklich? — „Ach, fragt mich nicht mehr!"

Gerechtigkeit.

I.
1887.

Gerechtigkeit — du bist nicht blind! Jedoch
Ein Gott schlang einst um deine Stirn die Binde,
Da er die Erde haßte, weil sie war.
Nun taumelst du mit kindisch-kleinen Schritten
Durch unsre Schaaren, und die Klugen fassen
Dich bei der Hand, und leiten dich zu ihrem
Eigenen Vortheil, und du läßt dich lenken,
Und siehst die Andern nicht, die jammernd dir
Mit aufgehobenen Händen folgen, und
Dich nie erreichen, bis am Wege endlich
Sie liegen bleiben, und nicht weiter können.
Gerechtigkeit — wann kommt der freie Mensch,
Ein Held, voll Löwenmuth, voll Löwenstärke,
Der dir die Binde von den Augen reißt,
Und dich hinführt vor das versammelte Volk,
Daß Alle, denen du vorübergingst,
Mit lautem Jubel bittend dich umfragen,
Und alle Ungerechten heulend flüchten? —
Jedoch, du bist zu dicht umstellt von Jenen,
Die Alles frech und ruchlos an sich rissen,
Und Keiner kann hindurch durch ihre Mauern.
Sie halten ihrer Lüge Speere vor,
Und Jeder, der zu dir gelangen will,

Verblutet an Gewalt! — Gerechtigkeit —
Zu Füßen deines Throns lagern die Fürsten
Und legen deine Hand auf ihren Scheitel —
Du aber glaubst, des Aermsten Haupt zu rühren!
An deinem Throne lagern feile Priester,
Und durch ihr Singen, durch ihr lautes Beten,
Dringt nicht dein Ruf, der Alle kommen heißt,
Dringt nicht das Schrei'n der ungezählten Schaaren,
Die nach dir rufen, immer, immer wieder!
An deinem Throne lagern sich die Krämer,
Und bergen mit dem Leibe ihre Schätze,
Um die sie tausend Andere betrogen!
Gerechtigkeit — zu deinen Füßen stehen
Die Vielen, welche deine klaren Worte
Verdeutelt tragen in das Volk, das hofft
Und deine eigenen Worte nicht versteht!
Gerechtigkeit — du bist ein Kind geworden,
Weil sie dem Weib zu lange schmeichelten!

— Und wir verlernten, ferner dir zu glauben,
Weil wir dich niemals sahn von Angesicht
Zu Angesicht — doch lernten wir, dich hassen!
Zu klar ist unser Blick, um noch zu glauben!
An dich? —
    Vielleicht, weil wir es täglich sehen,
Wie du den Armen strafst, der hungergierig
Ein Stücklein Brod sich nahm von fremdem Tische,
Und wie sein Bruder, der mit schlauer List
Unzähligen das letzte Stücklein stiehlt,

Im Ueberflusse frevelnd weiter praßt?
Oder vielleicht, weil du die letzte Stunde
Dem Glücklichen vergällst — sollen wir glauben,
Daß diese Stunde seine Strafe sei,
Die Strafe für ein Leben voller Glück?!
Wir lachen, denn auch wir sind klug geworden.
Wir glauben auch nicht mehr an deinen Himmel
Und deine Hölle, denn wir wurden klug!
Und w a r u m sollen wir dir ferner glauben?
Vielleicht, weil du den Mörder tödtest, der
Den Wüstling schlug, der ihm sein Weib entehrt,
Und weil d e n Mörder du mit Purpur krönst,
Der hin sein Volk gemordet, sich zu Ehren?!
Weil Jener reine Leidenschaft nur kannte,
Und Dieser aller Lüge hohle Phrasen?
Und es verstand, aus edelreinem Triebe
Unmenschliche Gelüste sich zu modeln?! —
Gerechtigkeit, du bist es nicht, die straft,
Du bist es nicht, die irrt — ach, ich vergesse,
Daß sie die Augen dir verbunden haben,
Die selbstisch-frechen — — du bist immer groß,
Jedoch du weilst nicht mehr auf unserer Erde
In deiner ersten, heiligen Gestalt!
Wann ward das Heilige jemals nicht unheilig,
Wenn schmutzige Menschenhände es berührten? —

Nie aber standst du ü b e r unserer Erde,
Du hattest nie ihr Schicksal in der Hand —

Wir sind es selbst, die dich geschaffen haben,
Und Andre waren es, die dich verzerrten! —

Gerechtigkeit — wann sendest deine Kinder,
Die Zwillingsschwestern: Menschlichkeit und Liebe,
Und ihren Bruder Freimuth — du hinaus,
Daß unsere Erde endlich glücklich werde? —

Allein d e i n Bruder ist dir immer treu.
Er wandelt noch mit ewiggleichem Schritte
Ueber die Erde, ernst und segenspendend.

Ich sehe nicht den Tag, wo uns der Kühne,
Der Freie, Starke kommt, der dir die Binde
Von deinen Augen reißt. Ich sehe nur
Den Bruder Tod mit seiner harten Hand,
Die Falten glättend, welche du gezogen,
Die Herzen heilend, welche du gebrochen,
Die Sinne einend, welche du verwirrt!...

II.
1889.

Gerechtigkeit, wie groß hat und wie schön
Der meißelnde Gedanke dich erschaffen:
Als Quelle, die dem Müden Labung spendet,
Als Schooß, in dem er weinend sich verbirgt,
Als Leitstern, der die Heimathlosen ein
In ihre Heimath führt... Die „Heimathlosen" —
Was sage Euch ich, wenn ich jetzt zerreiße,
Was Euch vor Jahren auch ich auferbaut?!

Leicht ist es eine neue Lüge geben:
Der Fluch des bleichen Mundes, der am stein=
Gewordenen Brote wund sich biß, er trifft
Dich nicht, der du — leichtfertiger Lügner — es
Dem schreienden Volke reichtest. Aber schwer
Ist es in diesen Tagen der Verwirrung,
Wo Liebe und Selbstlosigkeit zum Mantel
Verächtlich=feiler Seelen stets geworden,
Die Wahrheit, welche nichts verheißt, als sich,
Die Wahrheit, die auf Trümmern Schutts, auf Haufen
Gefallener Leichen, und auf Gräbern wuchert,
Aus seines Herzens leergewordener Zelle
Dem schreienden Volk als Labe hinzureichen...

Sie starben, die Ermüdeten, verhungert,
Doch ihre Seelen sättigte ein — Wahn!
Dennoch, Euch Heimathlosen, nichts als Wahrheit!

Gerechtigkeit, Phantom, lebloses Wesen!
Du Waffe in der Schwachen Hand, die Starken
Mit ihr zu schlagen — niemals richtest Du
Dich gegen jene Brust, die dich erzeugte;
Sie ist gefeit, denn sie verlacht dich nur!

Verlacht sie auch, wie Jene sie verlachen!

Ergreife das Gespenst mit starken Händen,
Erwürge es, dann strecke weit hinaus sie,
Und hinter Dunst und Nebel, welche schwinden,
Liegt offen deinem Willen eine Welt!

Sieh' hin in eine Zeit voll Wahn und Irrsinn,
Was ist Gerechtigkeit?
               Nichts ist gerecht,
Was unsers Lebens Wagen lenken will,
Und Alles ist gerecht, was ich mir nehme,
Auf daß ich sie zu meinem Ziele führe!

Bist du der Sieger, bist du der Gerechte...
Bist der Besiegte du, bist du im Unrecht...

Ich sehe eine Welt, nein, nicht voll Schuld
— Denn es giebt keine Schuld — nein, nur voll Narren,
In der der „Bruder" seinen „Bruder" — „richtet".

Der Thor sitzt auf dem Sessel. Und der Weise
Geht stumm am eklen Possen-Spiel vorüber.
Ihr aber wartet auf Gerechtigkeit!

Ja, wartet, bis sich Euer Leben neigt,
Ja, wartet, bis Jahrhundert nach Jahrhundert
Sich in den dunklen Schooß der Zeit verkroch,
Ja, spielt mit diesem Wahnbild Eurer Träume,
Das fern Euch ewig, wie der Himmel, bleibt!

Nie kommt der Held voll Löwen-Muth und -Stärke,
Und käme er, er hätte nichts zu thun,
Als machtlos zuzuschauen, wie die Welt
Das Bild der Götzen mit erdarbten Kränzen,
Von deren Blättern blutige Thränen träufen,
Mit hündischem Gewinsel hoffend schmücken —

„Wir sind es selbst, die dich geschaffen haben" —

Ja, aber Alles, was wir sehnend „schufen",
Ist Rauch und Wahnsinn, der als Eisen-Geißel
Erbarmungslos gekrümmte Rücken peitscht!

Ich sehe nicht den Tag, an dem dein Bild
In Trümmern hinstürzt, nimmer zu erstehen —
Ich sehe nur — und nichts mehr hoffe ich —
Den Retter Tod, mit seiner starken Hand
Die Falten glättend, welche du gezogen,
Die Herzen heilend, welche du gebrochen,
Die Sinne einend, welche du verwirrt!...

Am Ausgang des Jahrhunderts.

I.

Bist du in dunkler Nacht, wenn Alle du verlassen,
Geschritten schon durch einer Weltstadt wirre Gassen,
   Die noch vor Stunden hell im Lärm des Tages lagen?
Die Häuser ragen stumm. Um die geschwärzten Dächer
Webt sich ein Dämmerlicht. Doch schwach und immer schwächer,
   Denn schon beginnt im Morgen es zu tagen.

Du schreitest lässig heim. Scharf in die Stille fallen
Hörst du mit müdem Ohr der eigenen Tritte Hallen
   Und klar ihr Echo an den Wänden.
Wie schwül die Sommernacht! — Der Mond wirft seine
                                  Strahlen,
Bevor das Sonnenlicht zerstreut die seltsam=fahlen,
   Weithin mit weißen, schmalen Händen.

Doch sieh' die Häuser dort, wie sie im tiefen Schatten
Sich schweigend, drohend=ernst fest aneinandergatten —
   So steht das Schlechte eng zusammen,
Und birgt sich feig in dunklen, dumpfen Ecken,
Um langsam immer weiter sich zu strecken,
   Wenn rings erlöschen will der Wahrheit Flammen.

Und du eilst an den Häusern schnell vorüber.
— Doch schien es da dir nicht, als sei vorbei ein trüber,
Formloser Schatten dir gezogen?
Du schaust dich um — doch Alles still und leer!
— Doch dort! — und wieder! — ist da nicht ein Heer
Von solchen Schatten dir vorbeigeflogen?

Und du erschauderst. — Wesenlose Wesen,
In's Heute ragend, die gestern gewesen,
Dem Lebenden, der weitereilt, ein Fluch!
Ein Recht verlangend, das sie schon verloren,
In ihrer Sterbe=Stunde neu geboren,
Und tobt noch selbst sich nicht genug!

Mit beiden Füßen schon im Reich des Todes stehend,
Und doch mit durstigem Blick noch müde rückwärts sehend
In jene Welt, die ihre Heimath war.
Vielleicht im Leben ruchlos=frech geknechtet,
Vielleicht im Jubeltanz, vielleicht geächtet —
Und festgebannt stand ihre Schaar!

So schien es deinen Sinnen, doch es schien
Dir einzig so ... um deine Stirne fliehn
So Träume nach durchtobter Nacht!
Die, wenn das Tageslicht die Wallenden bescheint,
Das was sie sind, dir werden: spurlos und unbeweint
Die Bilder eines — Traums dein kecker Mund verlacht.

Doch was sie wirklich waren, weißt du nicht.
Nicht ahnst du, daß die ‚Sterbenden am Licht'
  Mehr sind als Bilder eines Wahnes,
  Und weniger noch als wesenlose Schatten!
Ein Korn ist Wahrheit — die die Kühnheit hatten,
  Die sahen sie, die Geister des Orkanes.

Die sahen sie in solchen stummen Nächten,
Wenn Trug und Wahrheit fest sich ineinanderflechten,
  Die sahen sie, wie du sie sahst.
Und anders doch —: Dir sind sie eitler Schein,
Doch ihnen wurden sie zu Erz und Stein.
  Geh' weiter — sie sind fort, wenn du dich wieder nahst.

Wir aber sahen sie, wie sie mit sicherem Schreiten
So jede Nacht durchziehn der Weltstadt stumme Weiten,
  Und niedergehn beim ersten Hahnenschrei.
So ziehn sie jede Nacht: die Geister der Zerstörung,
Den Haß im Auge und im Herzen die Empörung,
  Und sehn, wie weit ihr Werk geschritten sei!

— Noch einmal schaust du um. Doch Alles still und leer.
Doch an der Ecke dort, siehst du auch dort nichts mehr?
  Wie ein Gewand fühlst du es wallen,
Und wie ein Moderduft weht es um deine Stirn,
Und heißer jagt dein Blut durch dein ermattet Hirn,
  In deinen Ohren tönt ein langgezogenes Hallen...

Da packt ein Schauder dich! und du gehst schneller, schneller —
Und jagst dem Morgen zu, der stetig heiterer, heller
Die Angst von deinem Herzen lacht...
Doch oft noch fährst du auf in andern dunklen Nächten,
Wenn Träume der Verwesung um beine Stirn sich flechten —
Und dann gedenkst du dieser Sommernacht! — —

II.

Wenn meine Lebenswünsche im Schattentanz entflohn;
Wenn unter mir, ein Nachhall, des Lebens Schmerzenston
In jene Ewigkeit des Friedens hingestoben;
Wenn von dem Handgelenk die letzte Fessel fiel;
Wenn — im Verlieren — ich des Tages letztes Spiel
Zusammenwerfe: dann — in ungezähmtem Toben

Bricht das, was mir Natur gegeben, aus!
Dann richte ich mich auf: das enge Haus
Wird mir zum ungeheuren Raum der Welt.
Sie schlafen Alle und kein Menschenohr vernimmt,
Wie meiner Schritte Echo dann an der Wand verschwimmt,
Und wie mein Aufschrei wild durch nächtige Stille gellt.

Doch ist es nur ein Aufschrei: bei diesem einen Schrei,
Da kommen Alle schon, die ich mir rief, herbei —
Sie — jene Geister der Zerstörung,
Wie du sie einst gesehn in stummer Sommernacht.
Wie ein Gedanke waren sie dir, nur halbgedacht,
Und waren dir nicht, was sie sind: Empörung!

— Und dann beginnt ein Kampf. Und zwischen mir und
 ihnen
Ist er geendet erst, wenn hell der Tag erschienen.
Und ihre Kraft ist stärker; doch größer ist mein Muth.
Es ist ein stummes Ringen, kein Richter steht zur Seite.
Sind mit dem Frühlicht sie geflohen in das Weite,
 Dann trockne ich die Stirn — und an dem Tuch klebt
 Blut.

Und an dem Tuch seh' ich des Schweißes blutige Flecken;
Und fühle noch nach mir sich ihre Hände recken;
 Und fühle noch des Athems schwülen Brodem;
 Und fühle noch, wie sie die Kehle würgend packen;
Wie sie die Nägel tief in das Gehirn mir hacken —
 Und schwer und keuchend fließt mein Odem...
— — — — — — — — — —

Das ist der Kampf, den allnächtlich, bevor das Dunkel zerrinnt,
Einsam und gramvoll auskämpft des Jahrhunderts verlorenes
 Kind.
Das bist auch du — das ist Jener — das bin nicht ich
 allein! —

Zwischen Leben und Leiden fließen die Ströme im Sonnen=
schein,
Und sie schaukeln auf den Wellen, und jauchzend ihr Lachen
erklingt,
Doch plötzlich verstummt ihr Lachen, wie ein Glas am
Munde zerspringt —
Und es sind zu ermattet zum Helfen, die dann am Ufer noch
stehn,
Doch sie müssen es Alle sehen, — und sie müssen es sterbend
sehn!

III.

Das ist der Kampf, der hundertmal sich ausgekämpft in
Allen,
Auf die ein Strahl des Wahrheitsdrangs aus Zeiten=Nacht
gefallen,
Und hundertmal wird er gekämpft mit jedem aufleuchtenden
Tage.
Und er ist stets derselbe, ob er dort sich kämpft im Wissen,
Ob ihn allein der Dichter kämpft, in seinen Strom gerissen.
Er schreit wie Grollen und Zürnen hier, dort klingt er wie
Flehen und Klage.

Derselbe stets, ob ihn der Mensch in Thaten kämpft, in
     Worten,
Die noch berauschend gestern blühten, morgen schon ver=
     dorrten:
Wenn die Tage der Freiheit gekommen, dann sind sie von
     Allen vergessen.
Derselbe, ob du durch ihn kämpfst, weil selbst du noch ein
     Sklave,
Ob du ihn kämpfst, die Knechte auf zu rütteln aus dem Schlafe,
Ihr Recht an dem Rechte des Herrn, der sie ruchlos geknechtet,
     zu messen.

Ob der Gefangene ihn kämpft stumm hinter Kerkermauern,
Ob ihn der Arme zweifelnd kämpft in brütend=stummem
     Trauern —
In Allen, in Allen ist endlich das Bewußtsein der Würde
     erwacht.
Ob ihn ein König schaudernd träumt auf seinen Purpur=
     kissen;
Ob ihn der Priester bebend ahnt, aus seinem Wahn ge=
     rissen —
Sie hören die Stimmen der Rächer schon wie Wettergebröhn
     vor der Schlacht.

Und wer nicht weiß, der denkt; und wer nicht denkt, der fragt;
Und wer nicht fragt, der zweifelt; wer noch nicht zweifelt,
     klagt —
Doch ein Bangen, ein Ahnen, ein Sehnen hat Alle, hat Alle
     ergriffen.

Ein Ton fiel hörbar niederwärts, er fiel in unsre Mitte.
Nun lauschen wir ihm immerfort bei jedem Schritt und
Tritte —
Es ist ein Laut wie das Stöhnen der Wuth, die noch das
Schwert nicht geschliffen.

So rollt durch alle Adern er, der Kampf: schwer, unab=
lässig.
Sie mögen schüren ihn zum Brand, ersticken ihn gehässig:
„Ich verlange, was nie mir geworden: mein Menschenrecht,
das entehrte!" —
Es ist derselbe blutige Kampf, ob aufschreist du in Schmerzen,
Ob du in bangem Ahnen sinnst, den Makel noch zu merzen.
Doch die rächende Hand hält Keiner mehr auf die eisern
bereits bewehrte! —

IV.

Wir standen am Scheidepfahle, wo sich zwei Wege gewendet:
Der eine wies in die Ferne, der andre ist bald geendet;
Schon blicken Jene zurück und wissen nicht mehr wohin.
Wir schritten vorwärts und sahen durch Nacht schon die
leuchtenden Weiten,
Und reichten der Zukunft die Hand, hin über den Abgrund
der Zeiten,
Stahlhart war unser Wille und klar und bewußt unser
Sinn.

Sie müssen sich Allem entgegen, was wahr und frei sich nennt,
stemmen,
Sie müssen, Verzweiflung im Herzen, ein Meer versuchen zu
dämmen,
Und fühlen es klarer von Tag zu Tag: sie gehen zu Grunde.
Schon sehn sie zurück und messen den Weg, auf welchem uns gehen
Mit freudig-pochenden Herzen und blitzenden Augen sie sehen.
Heil uns: die Zukunft ist unser! — Fluch ihnen: sei ihnen
die Stunde!

Von Zweifeln zernagt, von Angst gejagt, gefoltert vom eignen
Gewissen
So sind vom erstohlenen Lager sie jäh in die murrenden Lüfte
gerissen,
Und sie kämpfen den Kampf, denn sie wissen: der Kampf
ist der letzte! —
Doch unser der Sieg: hinein in die Masse, die furchtdurchklaffte!
Wer ist unser Feind? — Nur eine zerrissene, lusterschlaffte,
Absterbende Kranke, die schon der Hauch der Verwesung
zersetzte! —

So sieht im Spiegel die Zeit ihr angstzerfressenes Gesicht:
Der Vater erkennt sich wieder in dem eigenen Sohne nicht —
Recht nennt er, was jener fluchwürdigen Frevel nennt!
Unheiliges Wünschen die Sehnsucht, der schon die Erfüllung
winkt!
Unersättlich und unrein die Lippe, die am Kelche der Zukunft
trinkt!
Unlauter die heilige Flamme, die unsere Herzen durchbrennt!

Wohl wiegt er in Zweifeln das Haupt, doch hat ihn der
Strom nicht ergriffen,
Ihm hat seiner Wünsche Schneide noch die wirbelnde Zeit
nicht geschliffen:
Er kann uns nimmer verstehen. Und wir — verstanden ihn
nie!
Noch wähnt er das Siegel des Knechts auf des Sohnes
Stirne zu drücken,
Und sieht doch in machtlosem Zorn seines Wahnes Kränze
zerpflücken
Die Hand, der ein höherer Gedanke, als Rücksicht, die Kraft
verlieh!

Wir standen am Scheidepfahle. Wir gingen hinein in die
Weite!
Uns giebt die Hoffnung auf hellere Tage — auf Tage des
Glücks! — das Geleite!
Und mag über Leichen und Trümmer der Weg zum neuen
Leben auch gehn:
Wir wollen, daß endlich zu Ende sich kämpft der ewige Kampf
um das Rechte!
Wir wollen, daß endlich der Tag des Zorns aufleuchte diesem
Geschlechte!
Und der Sonne der Zukunft — ihr wollen auch wir in die
herrlichen Augen sehn!

V.

Du warst, Erkenntniß der Natur, es, die den Schleier hob!
Vor der ‚der Traum des Ideals', der lügende, zerstob!
    Du hast, was ‚Glaube' hieß, vernichtet!
Du hast den Wahn, die Phantasie, die Hoffnung vor die
                                    Stufen
Der freien, echten Wissenschaft mit Zauberkraft gerufen
Und hast die Thörichten gerichtet!

Du zeigtest uns, daß nichts wir sind als Glieder in den
                                      Ketten,
Daß keine Hand sich zu uns neigt, uns liebend zu erretten,
    Daß ‚Mitleid' nur ein Wort, ein lebenbares.
Daß ewig wir gezwungen sind auf eigener Kraft zu stehen,
Statt mit umflortem Auge in die ewige Nacht zu sehen —
    Ein Bild des Lebens gabst du uns, ein klares!

Du zeigtest uns, daß Alle wir am Anfang noch der Bahn
Zu neuem Leben stehen; daß wir wenig noch gethan;
    Daß w i r es sind, die erst beginnen sollen!
Doch zeigtest du uns auch, daß wir nicht aus den Himmels=
                                      höhen
Geschleudert auf die Erde sind; daß wir noch Ziele sehen,
    Die wir uns unterwerfen dürfen — wollen!

Und so hast du geboten uns — und auch die Kraft ver-
 lieben —:
Aus jeder Lebensfrage stark den letzten Schluß zu ziehen
Und keinem ‚Gott' mehr zu vertrauen.
Und während noch um uns die Wuth der Todtgetroffenen gellt,
Sehn wir die Wahrheit, groß und ernst, hinschreiten durch
 die Welt,
Die Zukunft langsam aufzubauen!

VI.

Mit Blut befleckt, doch lebensstark, so wurdest du geboren:
Das jüngste Kind der Mutter Zeit zum letzten Kampf erkoren,
Gezeugt in einer Nacht voll Finsterniß und Gluth.
Der Lärm der Revolutionen klang in deinen Ohren.
Und nie hast das Erinnern du an diesen Klang verloren:
Er zuckt in deinem Hirn und er durchpulst dein Blut.

Zuweilen hat er dich gepackt und aus dem Schlaf geschüttelt,
Und dann hast an den Ketten du in dumpfer Wuth gerüttelt —
Doch tiefer schnitten sie hernach nur in dein Fleisch.
Und stöhnend bist in Nacht und Schmerz du da zurückgesunken.
Dir war, als hätte nie dein Blick das Frühlingslicht getrunken!
Doch heute, wo du stirbst, fühlst du, wie Fluch-Gekreisch —

Ein grauenvoller Racheklang! — wie Grollen, Bitten, Klagen,
Gleich Meereswogen, welche wild das nächtige Ufer schlagen,
Gewaltig dich umbrauft — du sinnst und stehst bewegt:
Das sind die alten Töne, die dein Wiegenlied gewesen,
Und bei den alten Tönen fühlst du wieder dich genesen,
Jahrhundert du, das schon in seinem Schooße trägt

Die Zukunft einer Welt! — sieh, durch des Thrones ge-
          borstene Fugen
Sickert die ekle Fäulniß schon! — durch Purpurmäntel lugen
Schaust du ein Knie, das bebt, ein Herz, das angstvoll zuckt.
Und unterdessen halbversteckt die wilde Völkerkatze,
Gekauert liegt sie schon bereit, daß sie die Eisentatze
  Einschlägt — sich, wie zum Sprung sie murrend schon
        sich duckt!

Und deines Lebens denkst du da! — du denkst an Achtund-
          vierzig.
Das waren Tage — weißt du noch? — so märzenhell und
         würzig —
Und doch: auch sie umzog der Nebelduft der Schmach!
Und du gedenkst der Tage, da du deine Feuerbrände
Im Seinefluß sich spiegeln ließt, gedrückt in Schwielen-
        hände —
Doch in die Nacht versank auch dieser Sonnentag!

Und heute, wo du sterbend schon, da spornst du in's Gefechte
Den vierten Stand, den ärmsten Stand — zum Kampf für
        seine Rechte —

Du fühlst Gerechtigkeit dein starres Herz bezwingen.
Und eh' du in die Zeiten=Nacht wirst stürzen, schwinden, sinken,
Wird einmal noch dein müder Mund am Blute satt sich
trinken —
Und unser Jubel soll dein Todtenbett umklingen!...

VII.

... Will nun mit heiterem Mund das Lied von der Freude
singen.
Lachen soll es, dies Lied, und wie Schellen=Geläut soll es
klingen,
Wie um zum jubelnden Tanz jeden noch Säumigen zu
laden.
Denn ich liebe die Freude! Ich liebe die athmenden Lippen;
Liebe die kleinen Hände, die unter drohenden Klippen
Sich im Wasser der Freude in sorglosem Uebermuth
baden.

Liebe die lachenden Augen, aus denen das Leben glänzt,
Liebe die strahlenden Stirnen, um welche der Leichtsinn sich
kränzt,
Welche das Dämmergrauen des Schmerzes noch niemals
beschienen.

Liebe die Stärke der Schwachheit, die ohne heißes Bemühen
Küßt die Lippen und bricht die Rosen, die ihr — vielleicht
unverdient — blühen.
— Ach, heißt doch Leben uns heute: sich Freude verdienen.

Heilig sei ihnen ihr Recht: sich im Glanze der Stunde zu
freuen,
Selber sich wieder mit jeglichem Tag in der schuldblosen Luft
zu erneuen.
Heilig ihr Recht: zu leben! — zu leben!! — in Freude
zu leben!!!
Freude — sie ist ein Geschenk, das aus morgenheiteren
Hallen
Einstens in sonniger Stunde achtlos hernieder gefallen —
Keiner kann es erringen; und nur Wenigen ist es ge=
geben!

— — Dies sei das Lied der Freude. Und mein Lied, es ge=
höre ihnen,
Welche das Dämmergrauen des Schmerzes noch niemals be=
schienen.
Es ist ihr Recht. Und ihr Recht — es muß ihnen werden.
Doch nun will auch von Jenen, von Jenen — doch leiser —
ich singen,
Welche — Verfluchte des Lichtes! — ringen, und während
sie ringen
Fast vergessen, daß sie um zu leben geboren auf Erden.

Welche die Lippen der Freude freiwillig und gern niemals
 küssen;
Welche sich jede Lust in Schmerzen erringen erst müssen —
 Wohl: Verlorene nennt ihr sie alle mit seltsamem
 Lächeln...
Ja! Berührt sie ein Kuß, so schaudern sie angstvoll zusammen,
Statt des ruhigen Lichtes begehren sie lodernde Flammen,
Heischen der Sonne Brände statt der Lüfte erfrischendem
 Fächeln.

Heimath — und Liebe — und Leben —: sind ihnen nur Worte.
Pochen mit bebender Hand an jede verschlossene Pforte.
 Wollen die Wahrheit des Lebens, die Wahrheit der Freude
 erst wissen.
Und um die Wahrheit zu finden, müssen ihr Leben sie
 wandern.
Unglücklich sind sie. Warum? — Weil doppelt unglücklich die
 Andern.
 Ja, sie lieben die Freude und können die Wollust des
 Schmerzes nicht missen!

Lieber am dunkelnden Strand des ewigen Schmerzes liegen!
Lieber die leblosen Brüste des bleiernen Trübsinns um=
 schmiegen!
 Lieber die brodelnde Fluth der Wasser des Todes schlürfen!
Als mit zitterndem Herzen in Hoffnung auf Glück noch zu
 harren,

Ewig zu zweifeln, um glauben zu können, und ewig ver=
spottet als Narren,
Kennen die Freude und sie in Tropfen genießen nur
dürfen!

Reich' mir die Hand, meiner Jugend Genosse: gewaltiger
Schmerz!
Weiter vermag ich dies Lied nicht zu singen. Zu voll ist mein
Herz.
Freude beherrscht erst die Welt, wenn Gerechtigkeit worden
uns allen!
Wann die Tage der Freude, die Tage der Menschheit uns
kommen?
Wenn aus des Herrschenden Hand das Scepter der Willkür
genommen,
Wenn von des Geknechteten Hand die letzte Fessel gefallen!

Einst vielleicht, wenn die Menschheit, die ganze, im Lichte sich
wiegt,
Wenn die echte Freude des Lebens auf allen Stirnen liegt,
Wenn wir nach tödtlichem Kampf uns die Rechte der
Freiheit erworben,
Dann wird die Lust des Lebens auch uns allkräftig durch=
dringen,
Dann will das Lied von der Freude zu Ende voll Jubel ich
singen —
Schweige, du thörichter Träumer, dann bist du schon
lange, schon lange gestorben!

VIII.

Dir, Volk, gehört des neunzehnten Jahrhunderts letztes Ende!
Erwache aus dem Schlummer denn, und hebe deine Hände
    Und nimm, was immer dein gewesen.
Auch dich durchpulste endlich das Bewußtsein deiner Würde;
Auch du hast in dem Lebensbuch, bevor dich ganz die Bürde
    Erstickt, ein menschlich Wort gelesen.

Und dieses eine Wort, du kannst es nie und nie vergessen...
Dein eigenes Leben hast du kühn und stark an ihm gemessen,
    Und sahst: dein Leben ist dein eigen.
Und du begannst zu hassen sie, die dir es frech entrissen.
Die meisterhaft verstanden es, ihr eigenes Gewissen
    Und deine Fragen todtzuschweigen.

Nun, wenn am Abend müde du von der Arbeit gehst,
Nun, wenn am Tage rastlos du an der Arbeit stehst,
    Tönt dieses Wort in deinen Ohren.
Es hat von Menschlichkeit, von Leben dir gesprochen.
Und an dein Herz fühlst du voll Ungestüm es pochen,
    Und fühlst: noch bist du nicht verloren!

Und fühlst: du, der geduldiger gewesen als der Sklave,
Fährst aus durchquälten Träumen auf nach tausendjährigem
Schlafe,
Und wagst es endlich selbst zu denken.
Und Alles klafft dir plötzlich auf: du siehst all' ihre Lügen,
Mit denen sie umsponnen dich, siehst, wie sie dich betrügen,
Siehst, wie sie dich voll Falschheit lenken!

Da wallt es in dir grollend auf, und dich durchfrißt ein
Zürnen,
Und Purpurgluth des Hasses flammt auf deinen Eisen-Stirnen,
Wie Sonne an der Tage Wende.
Und während sie in Winkeln sich voll Scham und Angst verstecken,
Wirst du nach dem verlorenen Recht die müden Hände strecken,
Und dein ist des Jahrhunderts Ende!

IX.

Kehre wieder über die Berge, Mutter der Freiheit, Revolution!
Heißt nicht Gerechtigkeit deine Schwester? Heißt nicht Recht
dein mißachteter Sohn? —
Kehre wieder über die Höhen!
Lange standst du, das Antlitz gewendet,
Sahst nicht, wie deine Menschen geschändet,
Hast deine eigene Schmach nicht gesehen.

Kehre wieder über die Berge! dein ist die Rache! dein! nur dein!
Wende dein Antlitz, dein starres, hernieder, welches wie
            zuckender Wetterschein
    Schon so oft auf die Frevler gefallen!
Reiche uns Allen die rettende Hand,
Laß deine Stimme von Land zu Land
    Hoffnung kündend und grollend erschallen!

Kehre wieder über die Berge! — Ehe in Licht das Dunkel
            vergeht,
Ueber den Häuptern der Schuldigen zermalmend dein ge=
            fürchteter Fuß schon steht,
    Werden von Antlitz zu Antlitz dich schauen
Wir, die wir Alles und Alles verloren! —
Wir, die Verlorenen — zum Kampfe erkoren —
    Rufen dich, Mutter, in heißem Vertrauen!

Härte die Herzen, die schwankend geworden, weil sie zu lange,
            zu lang' schon gezaudert!
Kläre den Sinn des Knechts, der noch bangt und noch schaudert,
    Zeige ihm, was seines Muthes Gewinn!
Stelle mit lockenden, leuchtenden Farben
Vor sein Auge geerntete Garben,
    Vor seinen Wunsch die Erfüllung hin!

Kehre wieder über die Berge, Mutter der Freiheit, gesegnete du!
Lächle mit einem einzigen Blicke deinen schwankenden Kindern
            nur zu,
    Und sie werden wie Eisen sein!

Zeige die Freiheit, die er verloren,
Und das Recht, zu dem er geboren,
Jedem Einzelnen — und er ist dein!

Ja, du kommst! Und wir grüßen dich tausend=,
Tausendmal, Mutter! und dröhnend und brausend
Rollt unser Ruf zu des Erdballs Grenzen!
Aus den Kerkern, wo wir geschmachtet,
Ueber die Ruchlosen, die uns verachtet,
Sehn wir die Flammen der Freiheit schon glänzen!

Kehre wieder! — es ruft dich die Menschheit heute am Abend
                des qualvollsten Tags!
Da ist kein Herz, das nicht höher schon klopfte heißauflodern=
                den, froheren Schlags
 Heute, wo eine Ahnung es streift,
 Heute, wo deinen Schritten wir lauschen,
 Das wie der Wipfel prophetisches Rauschen
 Deiner Berge uns zwingend ergreift!

Heute in Qual wir, und morgen schon, morgen,
Morgen vielleicht schon in Freiheit geborgen
 Unsere Kinder, die über die Leichen
 Ihrer im Kampfe gefallenen Väter,
 Jeder Einzelne der Menschheit Vertreter,
 Schweigend und ernst sich die Hände reichen!

Ja, du vernahmst unserer Sehnsucht Rufen!
Nieder der Zeiten zerfallene Stufen
   Steigst du gewaltigen Schrittes schon,
  Kehrst du wieder über die Berge,
  Bist der Gerechtigkeit rächender Scherge,
  Mutter der Freiheit, Revolution!

X.

„Und wie waren jene Tage, da in Nacht die Menschen lagen?
Sage, werden jene heller werden, welche jetzt uns tagen?
Werden Hoffnung sie und Wünsche an den Strand der Zu=
           kunft tragen?
    Wird der Sieg je unserer Zeit?
Waren jene Tage besser nicht, als unsere Tage sind,
Wo die Liebe ein Gespött nur, und der Vater flucht dem Kind?
  Sage, waren jene Tage nicht von dieser Sünde rein?"

Vor dem Knechte der Begierde beugte der Begierde Meister,
Vor dem Sölbling sich der Herrscher — und allmälig dreist
           und dreister
Lachten leise erst, dann lauter der Vernichtung Schattengeister.
    Diese Saat: uns keimt sie auf.

So war jene Zeit des Friedens — eine Zeit der Knechtschaft
war
Dies Jahrhundert, jeder Würde, jeder freien Würde bar.
Doch sie ist hinabgesunken. Hellerer Tag — er stieg herauf!

„Gerne möchten wir dir glauben; gerne Zweifelsqual be-
schwichtigen —
Aber sind nicht alle Wünsche Töchter nur des Tags, des
nichtigen?
Trifft uns Schuld? — nein, wir sind schuldlos. Aber Euch
und dich bezichtigen
Wir der Sünde gegen Recht!
Was ist Recht, wenn nicht geheiligt durch der Zeiten Athem-
hauch?
Was uns unsere Väter lehrten, was ehrwürdig-heiliger
Brauch,
Das ist Recht! — Recht, das zu stürzen von dem Thron
Ihr Euch erfrecht!"

‚Recht' ist Euch, auf Brudernacken den geschirmten Fuß zu
setzen!
‚Recht' ist Euch, am Blut der Schwachen Euren gierigen
Mund zu letzen!
‚Recht' ist Euch, für Eure Lüste unser karges Glück zu
schätzen —
Diesem ‚Rechte' dreimal Fluch!
Dieses ‚Recht', in dessen Namen unser Streben Ihr be-
kämpft,

Dieses „Recht", in dessen Schirm Ihr Eures Herzens Klopfen
dämpft,
Heil der Hand, die in dies „Recht" die Fackel ihres Zornes
trug!

„Das sind Worte! — Sind wir schuldig, wenn die Laster sie
zerfressen?
Laß sie ihre Pflicht erfüllen! Wer nicht schafft, soll auch nicht
essen!
Und du wagst es, unser Leben ab an ihrem Wunsch zu messen?
Wir sind Träger der Kultur!
Doch was ist dein Volk, das rohe, das sich nie dem Schmutz
enthebt,
Das dem Tag und seiner Lust nur stumpf und thierisch weiter
lebt?
Komm zu uns! Bei uns erreichst du deines Strebens Ziele
nur!"

Lügner! — Nie hat je so schamlos, nie ein Mund so frech
gelogen!
Jenes Volk, das dich ernährt, das dich aus deiner Schmach
gezogen,
Jenes Volk, das du um Alles: Leben, Glück und Licht betrogen,
Wagst du zu begeifern, Wicht!?
Nieder in den Staub! und beuge, beuge dankbar dich vor
Jenen,
Deren Hunger, deren Jammer, deren Schande, deren Thränen
Dir es gaben, daß du wandeln darfst in des Jahrhunderts
Licht!

Schweige! Nicht ein Wort mehr! furchtbar=fordernd wird es
 bald erstehen,
Dieses Volk, das du ‚verachtest‘, und in deine Augen sehen,
Und du wirst erblinden, zittern, flehen, sterben und vergehen —
 Du, der sie mit Füßen trat!
Dann gedenke dieser Worte: heut' noch blähst du dich in
 Schuld,
Aber morgen wird sie reißen — die erhabene Geduld
Dieses Volks, dem endlich, endlich auch der Tag des Glückes
 naht!

XI.

Von den Tagen des großen Sterbens singt jetzt mein Lied ...
Ueber uns werden sie kommen, wie der Sturm, der die Höhe
 umzieht;
Wie ein Fluch, der sich endlich erfüllt; wie ein Blitz, der
 sich tödtlich entladen.
Das werden die Tage des Grauens, die Tage der Rache sein,
Und sie, die nie Mitleid gekannt, um Mitleid werden sie
 schrein —
Doch die Antwort wird ihnen: „Wo ist Euer Gott nun,
 um Euch zu begnaden?

Der Gott, in deſſ' Namen an unſerem Glück Ihr Euch ſatt=
 gezehrt?
In deſſ' Namen Ihr uns getreten und unſere Schweſtern
 entehrt?
Ihr habt es zerriſſen und nimmer knüpft wieder zwiſchen
 uns und Euch ſich das Band!
Was war Eure Macht? — Nicht Liebe, nicht Recht! — Eure
 Macht: Euer Gold,
Nun iſt in den Schmutz der Gaſſen das gleißende hingerollt.
Und es wäſcht Euer Blut der Erniedrigten Schweiß vom
 entwertheten Tand." —

Die Tage des Zorns! Wer in Freude gelebt, in Jammer
 wird er verderben,
Doch weſſen Leben ein Sterben nur war, in Hoffnung und
 Luſt wird er ſterben,
Denn über die Gipfel der Nacht klimmt ſchon der Morgen
 des Lichts!
Aufklaffen wird unſre Erde bei dem furchtbar=gewaltigen
 Kampf.
Und der Himmel wird ſich umdüſtern von des Blutes auf=
 wallendem Dampf —
Denn es ſind die Tage gekommen: die Tage des Erd=
 gerichts!

Wo heute noch Städte geſtanden, wird morgen Einöde ſein,
Wo nie ein Menſchenruf ſchallte, wird gellendes Klagen ſchrein —

Ein unendliches Grauen der Angst wird Alle, die schuldig,
ergreifen.
Sie werden die Ihren verlassen und über die Berge fliehn,
Doch das Schreckensgespenst der Reue wird ihre Pfade um=
ziehn,
Und schluchzend werden die Erde mit krallenden Fingern
sie greifen.

Hier hat ein Sohn seinen Vater im Taumel des Wahnsinns
erschlagen . . .
Dort eine Mutter ihr Kind, das sie unter'm Herzen getragen,
Damit es nicht schaue die Tage, die schrecklicher sind, wie
der Tod . . .
Dort blendet ein Armer sein Auge an des rinnenden Goldes
Glanz . . .
Dort schlingen sich Weiber der Lust in bacchantischem Jubel=
tanz,
Indessen die wankende Halle den Blinden Verderben droht . . .

In die Laute der Lust gellen Klagen der Angst — doch sie
singen ein Lied,
Das, wie Waldwehn ob rauchenden Trümmern, die jagenden
Herzen umflieht —
Und das Lied — es schmeichelt den Armen, daß die Frei=
heit gekommen nun sei . . .
Und sie richten die Blicke zur Erde, eine Thräne des Glücks
rinnt nieder —

Doch da bringt in ihr Ohr ein Kreischen und Knirschen der
Todesangst wieder,
Und Alle brechen sie aus in ein gellendes Jubelgeschrei:

Sie sehen zwei Feinde, die ringen: in die Kehle des einen
gewürgt
Hat sich der andere, dem endlich die blutige Rache verbürgt,
Und zum Haufen schleppt er die Leiche des elenden Feindes,
der einst
Das Blut dem darbenden Knecht aus den kranken Gliedern
gesogen,
Der ihn um das Glück seines Lebens bis heute frevelnd
betrogen,
Und er richtet sich auf: „Wer lacht nicht? Du stirbst,
wenn Du weinst!"

Und Keiner weint! — Und sie tanzen Alle und singen laut,
Indessen der Haufe der Todten sich höher und höher staut,
Und sie singen das alte Lied, das Lied: die Marseillaise!
Doch jählings verstummt ihr Singen — sie fühlen des
Grauens Wehn,
Und sie müssen einem Gedanken in's furchtbare Auge sehn,
Und sie fürchten sich plötzlich, daß diese bluttrunkene Erde
verwese!

Es ist ein Geruch in den Lüften, wie aus Todtenwelten
herauf,
Sie kennen die Stunde nicht mehr, den Sternen- und Sonnen-
lauf —

Sie sehen nur ringsum gehäuft mit stieren Blicken die
Leichen.
Und sie stehen und warten auf etwas, das dennoch nicht
kommen will,
Und langsam kriecht über die Erde ein Schweigen, furchtbar
und still,
Und sie fühlen sich langsam hinab in die Tiefe des Todes
weichen —

Und die Erde liegt schweigend und leer, bis — — — — —
— — — — — — — — — — — — — —
— — — — — — — — — — — —
— — — — — — — — — — — — —
— — — — — — — — — — — —
— — — — — — — — — — — — —

XII.

Bis jede Hand verdorrte, die Andrer Arbeit stahl;
Bis jede Lust verstummte, gezeugt aus Andrer Qual;
  Bis jedes Schwert verrostet; bis jeder Schild zersprang!
Bis jede Stadt gefallen, wo Schmach und Weh gewohnt;
Bis sich entleert die Hallen, wo Schmach und Lust gethront;
  Bis in der Mittaghöhe dasteht der neue Tag!

Bis aus des Menschen Seele die Zeit zwei Worte riß:
,Beherrschen' heißt das eine — ,dienen' das andre; bis
   Wir alle nebeneinander über die Erde gehn!
Bis alle Schranken fielen; bis jedes Leben versüßt;
Bis Glück zum ersten Male jede Menschenstirn geküßt —
   So lange wird die Erde im Zeichen des Sterbens stehn!

XIII.

Bist du in dunkler Nacht, wenn Alle du verlassen,
Geschritten schon im Geist durch des Jahrhunderts Gassen?
   Sahst du im Geist, was war? Sahst du, was kommen
      wird?
Noch fallen Geißelhiebe auf ihren wunden Rücken,
Noch müssen scheu sie beben, noch schweigen, noch sich bücken —
   Und doch: der Tag, schon naht er, der Freiheit uns gebiert

Wie von des Blinden Auge Thräne auf Thräne fällt,
So fallen unsere Tage vom Lid der Zeit: wer hält
   Die Tropfen, welche fallen, Tropfen auf glühend Eisen?
Sie zischen auf, erlöschen, und immer heißer glüht
Die unterwühlte Erde. Tag, wo, an dem erblüht
   Gerechtigkeit, um uns den Weg zum Glück zu weisen?

Geh' hin und sieh' die Zeit! Sieh', wie sie jubelnd tanzen
Auf ihrer Brüder Leichen! — Sieh', wie sie sich verschanzen!

Wie Heere aufstehn, um die Frevler zu vertheidigen!
Sieh', wie sie sich am Schmerz des Volkes frech ergötzeln!
Wie sie, wenn auf es schreit, es ruchlos niedermetzeln!
Sieh', wie sie alle sich zum Bund schweigend vereibigen!

Das ist unser Jahrhundert! — Die Zeit, wo zwischen Nacht
Und Morgendämmern leise der Ruf des Tags erwacht:
Der Eine flucht ihm und der Andere bewundert's.
Wie langsam Tag auf Tag von seinen Tagen flieht!
Und eine Menschheit wartet und hofft — doch Keiner sieht
Den Tod tobbräuend stehn am Ausgang des Jahrhunderts!

Ende.